Friedrich List

Die Briefe des Horaz an Augustus und Julius Florus

Friedrich List

Die Briefe des Horaz an Augustus und Julius Florus

ISBN/EAN: 9783744683234

Hergestellt in Europa, USA, Kanada, Australien, Japan

Cover: Foto ©ninafisch / pixelio.de

Weitere Bücher finden Sie auf **www.hansebooks.com**

Die Briefe

des

Horaz an Augustus und Julius Florus.

Ins Deutsche übersetzt

und

mit einer Einleitung und sachlichen Anmerkungen

versehen

von

Dr. Friedrich List,

Studien-Inspektor und Professor am kgl. bayer. Kadettencorps zu München.

Erlangen.

Verlag von Andreas Deichert.

1882.

Druck von Junge & Sohn in Erlangen.

Einleitung.

Der Brief an Augustus, nach Sueton auf des Kaisers ausdrücklichen Wunsch verfasst, beginnt mit einem für den Herrscher sehr schmeichelhaften Eingang (V. 1—17). Launig, aber scharf ist die darauf folgende Kritik der unverständigen, von Neid und Hass gegen die Poesie der augusteischen Zeit erfüllten und deshalb geradezu lächerlichen Voreingenommenheit des gesamten römischen Volkes für seine alten Litteraturdenkmäler und namentlich für alle seine älteren, wenn auch noch so unvollkommenen Dichter, welche in bunter Reihenfolge kurz gewürdigt werden (V. 18—89).

Ganz anders, fährt der Dichter fort, stand es von allem Anfang an mit der Poesie der für alles Schöne und Herrliche begeisterten, wenn auch von Charakter etwas unbeständigen Griechen (V. 90—102).

Indes hat auch der von alters her nur auf das Praktische gerichtete Sinn des römischen Volks neuerdings eine merkwürdige Wandlung erfahren; denn es herrscht heutzutage eine wahre Dichtungswut (V. 103—117), die übrigens, nebenbei bemerkt, auch ihr Gutes hat (V. 119—125).

Dieselbe gibt dem Dichter Anlass, so zu sagen, im Vorbeigehen der wahren Dichtkunst ein Loblied zu singen (V. 126-138).

Die Anfänge der römischen Poesie werden des weiteren auf Improvisationen bei ländlichen Festen zurückgeführt; momentane Ergüsse des Volkswitzes, welche bald ausarteten und daher bei strengen Strafen verboten wurden (V. 139—155).

Die Lehrmeister der Römer in der Dichtkunst, welche übrigens die ländlichen Spuren noch nicht ganz abgestreift hat, heisst es weiter, wurden, und zwar erst ziemlich spät, die Griechen (V. 156—167). Aber die römischen Dramatiker, z. B. Plautus, sind ihren Vorbildern nichts weniger als ebenbürtig. Materieller Sinn, Launenhaftigkeit und Geschmacklosigkeit des nur an eitlem Schaugepränge sich erfreuenden Volkes treten der Vervollkommnung der römischen Poesie und insonderheit des römischen Dramas noch immer auf Schritt und Tritt hindernd in den Weg (V. 168—213).

Warm werden sodann dem Augustus neben den Dramatikern, für die sich derselbe besonders interessierte, auch die anderen neueren Dichter, namentlich die Epiker, empfohlen, wenn auch der eine und der andere dieser Dichter in seinem Benehmen dem Herrscher gegenüber manchmal den rechten Takt vermissen lasse (214—228). Wie Alexander der Grosse den Künstlern Lysippus und Apelles gegenüber, so, meint Horaz, braucht auch Augustus sich seines Urteils über Varius und Vergil durchaus nicht zu schämen (V. 229—250).

Der Brief schliesst mit der Versicherung des Dichters, dass sein Talent, wie dasselbe ausgesprochenermassen zur Schaffung eines Dramas unzulänglich sei, so noch weniger für ein Epos ausreiche, vorausgesetzt, dass dasselbe ein Lob- und nicht ein Spottgedicht auf seinen Helden werden solle (V. 250—270).

Der Brief an Julius Florus zerfällt in zwei nur lose mit einander verbundene Hauptteile, deren erster die Gründe angibt, welche den Dichter bestimmten, der Dichtkunst Valet zu sagen, während der zweite einige zeitgemässe Fragen, mit denen sich der alternde Dichter auch sonst gerne beschäftigte, behandelt.

Eingang: Die Vorwürfe des Florus wegen eines von Seite des Dichters noch ausstehenden Antwortschreibens sind, wie an dem Verfahren eines ehrlichen Sklavenhändlers gezeigt wird, ebenso ungerechtfertigt wie die wegen Nichtsendung angeblich versprochener Gedichte (V. 1—25).

I. Hauptteil: Gründe (meist humoristischer Art), die den Dichter bestimmten, der Dichtkunst Valet zu sagen (V. 26—144):

1) Armut und unverdientes Unglück werden für Ungebildete (der Soldat des Lucullus) wie für Gebildete (Horaz selbst) gar oft die Triebfeder zu rühmlichen Thaten und edlen Bestrebungen; fällt jedoch der zwingende Anlass weg, so ist es in der Regel auch um den Thatendrang und das eifrige Streben geschehen (V. 26—54).

2) Die Schaffensfreudigkeit der Jugendzeit hört wie überhaupt alles, was die Jugend freut, bei zunehmendem Alter von selbst auf (V. 55—57).

3) Auch die Schwierigkeiten, den Geschmack der launenhaften Lesewelt zu treffen, werden mit der Zeit immer grösser (V. 58—64).

4) Der ungünstigste Boden für dichterisches Schaffen ist ausserdem die Zerstreuung und Unruhe einer Weltstadt wie Rom. Aber auch völlige Zurückgezogenheit ist von Übel; denn sie führt zu lächerlichen Eigenheiten, und zwar ebenso gut im stillen Athen wie im geräuschvollen Rom (V. 65—86)

5) Wer als Dichter von seinesgleichen anerkannt und gelobt sein will, muss reichlich Gleiches mit Gleichem vergelten; sonst verdirbt er es zur Zeit seines Schaffens gänzlich mit seinen empfindlichen Zunftgenossen. Will er sich daher ihren lästigen Zumutungen, z. B. dem Besuch ihrer Vorlesungen, entziehen, so muss er zu dichten aufhören (V. 87—105). Seltsam, dass gerade die schlechtesten Dichter, obwohl sie ausgelacht werden, am liebsten dichten! Wer ein wahrer Dichter sein will, muss vor allen Dingen unnachsichtig streng gegen sich selbst sein, und zwar sowohl in Bezug auf die Wahl des poetischen Ausdrucks als auf die ganze Art seiner Darstellung, welche Lebendigkeit, Klarheit und Leichtigkeit erfordert (V. 106—125). Da gilt es, alle Selbsttäuschung (der Argiver) aufzugeben (V. 126—139).

6) Wer sich daher über sich selbst klar ist, überlässt die Dichtkunst der Jugend und geht in reiferen Jahren zur Philosophie über (V. 140—144), welche dem Dichter die nachfolgenden Betrachtungen nahelegt (V. 145).

II. Hauptteil: Behandlung einiger zeitgemässer Fragen aus dem Gebiet der Volksmoral (V. 146—204):

1) Die Habsucht ist eine weitverbreitete krankhafte Zeiterscheinung und muss als eine Krankheit der Seele wie ein körperliches Übel durch geeignete Heilmittel bekämpft werden (V. 146 — 151). Hat sich bei dir etwa der landläufige Satz, dass Reichtum Weisheit verleihe, bewahrheitet? Nein. Wozu also immer wieder das Jagen nach Reichtum? (V. 151 — 157).

2) Was ist, richtig, nicht juristisch aufgefasst, Eigentum? Doch wohl nichts anderes als das, was ich nach Belieben gebrauchen und geniessen darf, nicht aber das, was ich zufällig besitze; denn der Besitz wechselt täglich und stündlich (V. 158 — 179). Kostbarkeiten jeder Art sind für jeden Vernünftigen gänzlich entbehrlich (V. 180 — 182).

3) In Bezug auf den Lebensgenuss gehen die Neigungen der Menschen, ja selbst der nächsten Verwandten, himmelweit aus einander, und niemand kennt die Ursache dieser Verschiedenheit (V. 183 — 189). Meine Meinung in der Sache ist die, dass die irdischen Güter zum Genuss da sind. Aber auch hierin muss Mass und Ziel herrschen und muss namentlich die Mittelstrasse zwischen Geiz und Verschwendung streng eingehalten werden (V. 190 — 204).

Schluss: Aber es genügt nicht, von einer Leidenschaft, z.B. der Habsucht, frei zu sein. Wer in reiferen Jahren nicht über alle Leidenschaften Herr geworden ist, hat überhaupt das Recht des Daseins für seine Person verwirkt (V. 205 — 216).

Q. HORATII FLACCI
EPISTOLARUM
LIBER SECUNDUS.

EPISTOLA I.

AD AUGUSTUM.

Cum tot sustineas et tanta negotia solus,
Res Italas armis tuteris, moribus ornes,
Legibus emendes: in publica commoda peccem,
Si longo sermone morer tua tempora, Caesar.
5 Romulus et Liber pater et cum Castore Pollux,
Post ingentia facta deorum in templa recepti,
Dum terras hominumque colunt genus, aspera bella
Componunt, agros adsignant, oppida condunt,
Ploravere suis non respondere favorem

V. 5—9: Romulus wurde in Rom bekanntlich als Gott Quirinus verehrt. Quirinus war ursprünglich ein Beiname des sabinischen Mars in Cures, der alten sabinischen Hauptstadt (j. Correse). An den Quirinalien (17. Februar) brachte ihm sein Eigenpriester (flamen Quirinalis) auf dem mons Quirinalis und an der porta Collina Opfer dar.

Liber oder Bacchus ist der durch die Griechen Unteritaliens zu den Römern gekommene griechische Dionysus. Das Fest der Liberalien wurde in Rom am 17. März gefeiert und galt ausser dem Liber und der Libera auch der Ceres; weshalb Aulus Postumius 496 v. Chr. diesen Gottheiten einen gemeinsamen Tempel weihte. Liber scheint die Uebersetzung von Λυαῖος (Sorgenlöser), nicht von Κόρος zu sein. Wie mit dem Ackerbau zogen auch mit dem Weinbau mildere Sitten unter den Menschen ein. Bacchus galt daher als Verbreiter und Förderer der menschlichen Kultur überhaupt.

Die Dioskuren Kastor und Pollux (Polydeukes), nach ihrem irdischen Vater Tyndareus auch Tyndariden genannt, die Brüder der

Erste Epistel.

An Augustus.

Da du die vielfache Last der Regierungsgeschäfte allein trägst,
Ueber Italien wachst mit dem Schwerte, die Sitten veredelst
Und die Gesetze verbesserst, so wäre es Sünde am Staatswohl,
Nähme ich deine Zeit durch Geplauder, Cäsar, in Anspruch.
5 Romulus, Bacchus der Vater und Kastor und Pollux, nach
ries'gen
Thaten als Götter in Tempeln verehrt, beklagten, dieweil sie
Pflegten des Lands und des Menschengeschlechts und blutige
Fehden
Schlichteten, Aecker verteilten und Städte erbauten, dass ihren
Leistungen nicht der erwartete Dank entspreche. Und selbst er,

---

Helena und Klytämnestra, von der Leda zu Amyklä in Lakonien geboren, befreiten ihre von Theseus nach Attika entführte Schwester Helena, nahmen am Argonautenzug teil und kämpften mit den Söhnen ihres Oheims Aphareus, Idas und Lynceus, den Helden Messeniens, einen berühmten Kampf: nach der einen Sage, weil sie wegen der Teilung einer gemeinschaftlich geraubten Herde in Streit geraten waren, nach der andern, weil sie ihren Vettern deren Bräute Phöbe und Hilaeira, die Töchter ihres andern Oheims Leucippus, geraubt und dieselben geheiratet hatten. Idas erschlug den Kastor, Pollux den Lyncens. Die Dioskuren führten seitdem ein sterblichunsterbliches Leben, indem sie einen Tag im Olymp bei Zeus, den andern in der Unterwelt bei Pluto zubrachten. Zu Sparta wurden sie als Schirmer des Staates verehrt. Sie galten auch als Geleiter der Schiffer, welche die St. Elmsfeuer als Zeichen ihrer Nähe betrachteten. $\varDelta\iota o\varsigma\varkappa o\acute{\upsilon}\varrho\iota\alpha$ wurden an vielen Orten gefeiert. Weltberühmt sind die beiden „rossebändigenden Dioskuren von Monte Cavallo, zu Rom, angeblich Werke des Phidias und Praxiteles.

10 Speratum meritis. Diram qui contudit hydram
   Notaque fatali portenta labore subegit,
   Comperit invidiam supremo fine domari.
   Urit enim fulgore suo, qui praegravat artes
   Infra se positas; exstinctus amabitur idem.
15 Praesenti tibi maturos largimur honores
   Iurandasque tuum per nomen ponimus aras,
   Nil oriturum alias, nil ortum tale fatentes.
   Sed tuus hic populus, sapiens et iustus in uno,
   Te nostris ducibus, te Grais anteferendo,
20 Cetera nequaquam simili ratione modoque
   Aestimat et, nisi quae terris semota suisque
   Temporibus defuncta videt, fastidit et odit,
   Sic fautor veterum, ut tabulas peccare vetantes,
   Quas bis quinque viri sanxerunt, foedera regum
25 Vel Gabiis vel cum rigidis aequata Sabinis,

V. 10—12: Herakles, der Nationalheros der Griechen und das Ideal griechischer Heldenkraft, durch die bekannten zwölf Arbeiten unsterblich geworden, fand mittelbar durch das giftgetränkte Gewand des Nessus seinen Tod. Heraklesfeste feierte man zu Sicyon, Theben, Kos, Lindus u. a. O. Herkules hatte auch in Italien einen ausgebreiteten Kultus und namentlich in Rom viele Tempel und Heiligtümer. Mehr als die Poesie verherrlichte ihn und seine Thaten die Kunst. Von berühmten Kunstwerken sind erhalten der bogenspannende Herkules der Aeginetengruppe in der Münchner Glyptothek, der Torso des Belvedere zu Rom, eine Arbeit des Atheners Apollonius, die Herkulesstatue des Atheners Glykon im Museum zu Neapel und die dem Lysippus nachgebildete Kolossalstatue in Tarent. Die Metopen des Theseustempels in Athen enthalten die Kämpfe des Herkules.

V. 16: Als Augustus 19 v. Chr. aus Asien zurückkehrte, setzte man ihm zu Rom einen Altar mit der Aufschrift: Fortunae reduci.

V. 23: Das Zwölftafelgesetz (lex duodecim tabularum), 451—450 v. Chr. von den Decemvirn abgefasst, umfasste das jus publicum, privatum und sacrum und blieb, indem sich die prätori-

An Augustus.

10 Welcher die grausige Hydra vertilgte und jene bekannten
Ungeheuer bezwang durch schicksalverhängte Strapazen,
Musste erfahren, dass Neid im Tode nur finde sein Endziel.
Wehe durch seinen Glanz thut, wer sein Uebergewicht lässt
Fühlen den kleineren Geist; in dem Grab erst findet er Liebe.
15 Dich nur bedenken hienieden wir schon rechtzeitig mit Ehren,
Schwören bei dir als Gott an Altären, die wir errichten,
Und bekennen, dass dir nichts gleicht, was war und was sein
wird.
Aber dieses dein Volk, in dem einen gerecht und verständig,
Dass es dich unseren Helden gesamt wie den griechischen
vorzieht,
20 Würdigt das übrige keineswegs in der gleichen, vernünft'gen
Weise, und all das, was es noch nicht der Erde entrückt
sieht,
Was an das Lebensziel nicht gelangt ist, hasst und verab-
scheut's;
Schwärmt nur für Altes, so dass es die frevelverbietenden
Tafeln,
Welche das Decemvirat aufstellte, Verträge, die Fürsten
25 Einstens mit Gabii oder den rauhen Sabinern beschwuren,

---

schen Edikte daran anschlossen, bezüglich des Privatrechts bis in die späteste Zeit die Grundlage der römischen Gesetzgebung. Obwohl die Originaltafeln bis in das dritte Jahrhundert n. Chr. auf dem Forum standen, ist trotzdem von denselben direkt gar nichts erhalten. Bruchstücke finden sich nur in den Kommentaren der Juristen; cf. R. Schöll: Legis duodecim tabularum reliquiae. Leipzig, 1866.
V. 25: Gabii (j. Ruinen bei Castiglione), zwischen Rom und Präneste gelegen, war durch grossartige Steinbrüche, die nach dem Brande Roms unter Nero treffliches Material zum Wiederaufbau der Stadt lieferten, berühmt. List und Verrat hatten Gabii einst dem Sextus, dem Sohn des Königs Tarquinius Superbus, in die Hände geliefert. Das von Tarquinius Superbus nachher mit Gabii abgeschlossene Bündnis wurde im Jupitertempel zu Rom aufbewahrt. Das älteste Bündnis mit den Sabinern schloss nach dem Raub der Sabinerinnen schon Romulus. Von Manius Curius Dentatus 290 v. Chr. für immer unterworfen, erhielten die Sabiner das römische Bürgerrecht sine suffragio. Cicero nennt dieselben pro Ligario 11,32 fortissimos viros, florem Italiae ac robur reipublicae.

Epistolarum Lib. II, 1.

Pontificum libros, annosa volumina vatum
Dictitet Albano Musas in monte locutas.
Si, quia Graecorum sunt antiquissima quaeque
Scripta vel optima, Romani pensantur eadem
30 Scriptores trutina, non est quod multa loquamur:
Nil intrast oleam, nil extrast in nuce duri;
Venimus ad summum fortunae, pingimus atque
Psallimus et luctamur Achivis doctius unctis.
Si meliora dies, ut vina, poemata reddit,
35 Scire velim, pretium chartis quotus arroget annus.
Scriptor abhinc annos centum qui decidit, inter
Perfectos veteresque referri debet an inter
Viles atque novos? excludat iurgia finis!
'Est vetus atque probus, centum qui perficit annos'.
40 Quid? qui deperiit minor uno mense vel anno,
Inter quos referendus erit? veteresne poetas,
An quos et praesens et postera respuat aetas?
'Iste quidem veteres inter ponetur honeste,
Qui vel mense brevi vel totost iunior anno'.
45 Utor permisso, caudaeque pilos ut equinae
Paulatim vello, et demo unum, demo et item unum,
Dum cadat elusus ratione ruentis acervi,

V. 26: Die **Annales Pontificum** oder Annales maximi waren die römische Stadtchronik, in welche der Pontifex Maximus alle wichtigen Begebenheiten eines Jahres, namentlich Prodigien, eintrug. Da diese Annalen bei der Zerstörung Roms durch die Gallier 389 v. Chr. sämtlich zu Grunde gingen, wurden sie nachher aus dem Gedächtnis ergänzt und von dem Pontifex Maximus bis nach der Mitte des zweiten Jahrhunderts v. Chr. fortgesetzt. Vgl. zu Ep. II, 2, 89.

Weissagungsbücher (libri fatales, fatidici, vaticini) existierten schon in alter Zeit zu Rom in grosser Menge. An die mit Ausnahme der carmina Marciana griechisch geschriebenen sibyllinischen Bücher ist hier selbstverständlich nicht zu denken.

Priesterannalen und altes Papier wahrsagenden Volkes
Musenklänge benennt, die auf Albas Bergen entstanden.
Wenn man die Dichter Roms, weil gerade die ältesten Werke
Griechenlands die bedeutendsten sind, auf der nämlichen Wage
30 Wägt, dann thut es nicht not, dass wir weitere Worte verlieren:
Hartes hat nichts auswendig die Nuss, inwendig die Oelfrucht;
Ja, wir stehn auf der Höhe des Glücks, musizieren und malen
Und sind im Ringen gewandter als all die gesalbten Achiver.
Wenn nun die Zeit, wie den Wein, die Gedichte veredelt, so wüsste
35 Gern ich das Jahr, das genügt, um Papieren Wert zu verleihen.
Sank so ein Dichter ins Grab vor hundert Jahren, gehört der
Unter die Zahl der alten und klassischen oder der neuen
Und nichtssagenden? Irgend ein Zeitpunkt beuge dem Streit vor.
„Alt und erprobt ist, wer um ein voll Jahrhundert zurückreicht."
40 Gut. Wo ist dessen Platz, der ein Jahr bloss oder nur einen
Monat später verstarb? Zählt der zu den älteren Dichtern
Oder zu jenen, die unsere Zeit und die künftige abweist?
„Sicherlich reiht sich der Schar der alten in Ehren ein Mann an,
Dem an der vollen Zeit nur ein Monat oder ein Jahr fehlt."
45 Hierauf gehe ich ein; und wie ich die Haare des Rossschweifs
Stetig rupfe heraus, so nehme ich eines und noch eins
Weg, bis verspottet nach Art des zusammenschwindenden Haufens

---

V. 27: Der mons Albanus (j. Monte calvo oder Albano) südöstlich von Rom, auf dessen Höhe in dem Tempel des Jupiter Latiaris die feriae Latinae (das lateinische Bundesfest) gefeiert wurden, ist hier in witzig spöttelnder Weise den Musensitzen Helikon und Parnassus an die Seite gestellt.

V. 31: Eine sprichwörtliche Redensart, um ungereimte Behauptungen, wie sie Vers 32 und 33 folgen, lächerlich zu machen.

V. 47—48: Der Dichter spielt zunächst auf einen besiegten Gladiator an, dessen Hiebe der Gegner so geschickt pariert hat, dass jener, wenn er am Boden liegt, von dem Publikum auch noch ausgelacht wird.

Der Sorites der eleatischen (Zeno) und megarischen Schule (Eubulides) von σωρός, der Haufen, ist einer von den Trug-

Qui redit in fastos et virtutem aestimat annis
Miraturque nihil, nisi quod Libitina sacravit.
50 Ennius, et sapiens et fortis et alter Homerus,
Ut critici dicunt, leviter curare videtur,
Quo promissa cadant et somnia Pythagorea.
Naevius in manibus non est et mentibus haeret

---

schlüssen, mittelst deren man bei Verhältnisbegriffen, z. B. Kornhaufen, Kahlkopf, Geschwindigkeit, deren Grenzbestimmung schwierig erscheint, durch fortgesetztes Fragen eine absolute Unbestimmbarkeit derselben zu beweisen suchte. Es wird z. B. gefragt: Macht ein Korn einen Haufen? Nein. Aber zwei? Nein. Aber drei? Nein u. s. w. In dieser Weise wird fortgefragt, bis bei der zunehmenden Grösse der Zahl eine bejahende Antwort erfolgt, woraus dann geschlossen wird: Also macht ein Korn den Haufen; womit die Nichtigkeit der quantitativen Unterschiede dargethan ist. — In der neueren Logik versteht man unter Sorites den Kettenschluss, der entsteht, wenn die conclusio aus mehr als zwei logisch zusammenhängenden Prämissen abgeleitet wird. Man schliesst analytisch:
Alle Eichen sind Bäume,
alle Bäume sind Pflanzen,
alle Pflanzen sind organisch,
alles Organische ist vergänglich,
also sind alle Eichen vergänglich; oder synthetisch:
Alles Organische ist vergänglich,
alle Pflanzen sind organisch,
alle Bäume sind Pflanzen,
alle Eichen sind Bäume,
also sind alle Eichen vergänglich.
V. 49: Die Libitina war eine altitalische Göttin und wurde in späterer Zeit wegen ihrer Beziehung zur Totenbestattung mit Proserpina identifiziert. In ihrem Tempel waren alle Gerätschaften, die zur Bestattung nötig waren, für Geld kauf- oder mietweise zu haben. Nach einer Verordnung des Servius Tullius musste für jeden Verstorbenen ein Geldstück an den Tempel der Libitina entrichtet werden. Der Leiter der Beerdigungen hiess libitinarius und sein Geschäft libitina. Die Dichter gebrauchen das Wort geradezu für den Tod.
V. 50—52: Ennius, 239 v. Chr. zu Rudiä im Kalabrien geboren, konnte sich tria corda rühmen, des Oscischen, Griechischen

Umsinkt, wer zum Kalender greift und nach Jahren den Wert
    schätzt
Und nur anerkennt, was die Todesgöttin geweiht hat.
50 Ennius, weise und tapfer zugleich und ein zweiter Homerus,
Wie die Kritik ihn nennt, scheint wenig Kummer zu haben,
Wie sein Pythagoras-Traum ausfällt und seine Verheissung.
Ist nicht Nävius noch in den Händen und lebt in den Herzen

und Lateinischen. Während des zweiten punischen Kriegs zog er als Soldat auf Sardinien die Aufmerksamkeit des 204 von Afrika heimkehrenden Quästors Cato auf sich, der ihn mit sich nach Rom nahm. Hier schloss sich jedoch Ennius alsbald an die aristokratische Partei an, in der er die Träger der römischen Bildung erkannte. 184 erhielt er für seine Beteiligung an der Gründung der Kolonie Placentia durch Vermittlung des jüngeren Fulvius Nobilior, dessen Vater er 189 nach Aetolien begleitet hatte, das römische Bürgerrecht, blieb aber zeitlebens ein armer Mann. Ennius starb, 70 Jahre alt, 169 v. Chr. auf dem Aventin an der Gicht. Der Verherrlichung der Scipionen und Fulvier war sein Hauptwerk, die Annales, gewidmet. Dasselbe umfasste ursprünglich 12 bis zum zweiten punischen, später 18 bis zum istrischen Krieg reichende Bücher und sollte den Römern den Mangel eines nationalen Epos ersetzen. Sein Hexameter ist noch unbehülflich und stelzenartig, verdrängte jedoch den steifen Saturnius des Nävius und ist so ein immerhin respektabler Versuch, die lateinische Sprache für die Aufnahme der griechischen Metrik geschickt zu machen. Wegen des im Eingang seiner Annalen erzählten Traumes, dass Homers Seele auf ihn übergegangen sei, nennt Persius den Ennius einen pavo Pythagoreus, d. h. einen eiteln Menschen, der es nicht verschmäht habe, die pythagoreische Lehre von der Seelenwanderung für sich auszubeuten. In der Nachahmung der Griechen, namentlich des Euripides (Medea, Iphigenia, Andromache, Hecuba), zeigte er wenig Selbständigkeit; wo er über sein Original hinausging, wurde er weitschweifig, unbehülflich und rhetorisch. Im Kanon der Palliatendichter des Volcatius Sedigitus (um 100 v. Chr.) nimmt er die letzte Stelle ein. Seine Saturä, wie Sota, Hedyphagetica etc., sind keine Satiren im späteren römischen Sinn, sondern dasselbe, was die Griechen $εἰδύλλια$, Gedichte von mancherlei Form und Inhalt, nannten. Wir sprechen von „vermischten Gedichten". Die Fragmente des Ennius sammelte J. Vahlen, Leipzig 1854.

V. 53: Cn. Nävius, um 274 in Kampanien geboren, in der Mitte zwischen Livius Andronikus und Ennius stehend und ein älterer Zeitgenosse des Plautus, nach Cic. de or. 3, 12, 44 das Muster

Paene recens? adeo sanctumst vetus omne poema.
55 Ambigitur quotiens, uter utro sit prior, aufert
Pacuvius docti famam senis, Attius alti,
Dicitur Afrani toga convenisse Menandro,

der altertümlichen, reinen Sprache, wurde durch sein erst im höheren Alter verfasstes Epos über den ersten punischen Krieg der erste römische Epiker und durch Romanisierung der griechischen Stoffe (Hesione, Danae, Lycurgus etc.) der Begründer der fabula praetextata. Daneben dichtete er auch schon fabulae togatae, in denen er die ersten Männer des Staats, die Meteller und Scipionen, mit dem grössten Freimut angriff, und fab. palliatae, die er, jedoch mit römischer Lokalfärbung, dem Menander nachbildete. Als Vertreter des nationalrömischen Elements, des echten Latinertums, wollte er den Griechen Ebenbürtiges an die Seite stellen, blieb aber weit hinter denselben zurück. Wegen seiner fortwährenden Angriffe auf die Aristokratie wurde er zuerst ins Gefängnis geworfen (Malum dabunt Metelli Naevio poetae) und 206 sogar aus Rom verbannt. Er starb kurz vor der Schlacht von Zama (202 v. Chr.) in Utika. Das römische Volk hielt sein Andenken in Ehren; denn noch in Ciceros Zeit wurden seine Stücke zu Rom und anderwärts aufgeführt. Die Fragmente seines Epos finden sich bei J. Vahlen, die seiner dramatischen Stücke in Otto Ribbecks scenicae Romanorum poesis fragmenta. Leipzig, 1852—1855; zweite Auflage 1871—1873.

V. 56: M. Pacuvius, der Schwestersohn des Ennius, 219 in Brundisium geboren, in Rom mit Lälius befreundet, malte und dichtete bis in sein hohes· Alter und starb 130 v. Chr. als 90jähriger Greis in Tarent, wo er seine letzten Lebensjahre zubrachte und noch mit dem um 50 Jahre jüngeren Attius in Verkehr stand. Seine Muster waren Sophokles und Euripides. Es werden von ihm zwölf Tragödien, darunter Antiopa und Dulorestes (Ausgabe von H. Stieglitz, 1826), in dem er nach der Meinung der Alten sogar die Iphigenia des Euripides übertraf, eine Komödie und eine f. praetextata Paulus (Aemilius Paulus) angeführt. Seine Gelehrsamkeit geht in erster Linie auf seine grammatische Durchbildung, vermöge deren er der Begründer des tragischen Stils bei den Römern wurde, und erst in zweiter Linie auf seine mythologischen und litterarischen Kenntnisse. Seine Fragmente finden sich bei O. Ribbeck.

L. Attius (oder Accius), 172 v. Chr. zu Pisaurum in Umbrien geboren und 103 noch am Leben, las nach Gellius 13, 2 dem Pacuvius seinen Atreus vor und führte nach Cic. Brutus 64 im Alter von 30 Jahren gleichzeitig mit dem 80jährigen Pacuvius Stücke

Frischweg fort? So hoch steht jede ältere Dichtung.
55 Immer, so oft sich die Frage erhebt, wer grösser sei, rühmt
   man
Feinen Geschmack am alten Pacuv und an Attius Hoheit;
Einem Menander soll des Afranius Toga entsprechen,

auf. Wie aus Aeschylus, Sophokles und Euripides scheint er den Stoff zu seinen Tragödien (Myrmidonen, Prometheus, Eurysaces, Diomedes, Trachinierinnen, Philoktetes, armorum judicium, ἐπὶ ναυσὶ μαχία u. a.) auch direkt aus dem epischen Sagenkreis geschöpft zu haben; denn er wird φιλόμηρος genannt. Wegen seiner schwungvollen Sprache galt er als der vorzüglichste römische Tragiker und gefiel dem Cicero wegen der Behandlung des Stoffs und vielleicht auch wegen des der älteren römischen Litteratur anklebenden rhetorischen Gepräges oft besser als selbst Sophokles. Von Pacuvius und Attius rühmt Cicero, dass sie vim, non verba expresserunt.

V. 57: L. Afranius, um 130 v. Chr. geb., der Zeitgenosse des Redners Antonius, gilt als der Meister der fabula togata, des römischen Originallustspiels. Der Derbheit des römischen Volkscharakters gänzlich fremd, steht die fabula togata in der Mitte zwischen Tragödie und Komödie und trägt die urbanitas, den höheren Gesellschaftston, als charakteristisches Merkmal an sich. Dieselbe war daher, abgesehen von den schwachen Versuchen des Nävius, erst möglich, als Terenz und seine Zeitgenossen der lateinischen Sprache den Stempel der Feinheit und conventionellen Zierlichkeit aufgedrückt hatten. Das Vorbild des Afranius war der Redner und Tragiker C. Titius. Die von den Gracchen ausgegangne nationale Partei sah in Afranius den römischen Menander, weil er häufig Sentenzen von demselben entlehnte. Fragmente haben wir von seinen Dramen Divortium, Emancipatus, Epistola, Fratriae, Privignus und Vopiscus. Quintilian findet in seinen Stücken da und dort eine unsittliche Tendenz.

Menander, der Sohn des athenischen Feldherrn Diopeithes, geb. 338 v. Chr., der bedeutendste Dichter der neueren attischen Komödie, mit Theophrast, Epikur, Demetrius Phalereus und dem König Ptolemäus Lagi, der ihn von Athen nach Alexandria ziehen wollte, befreundet, soll über 100 Komödien geschrieben haben. Erst 52 Jahre alt, verunglückte er in einem Bade. Schärfe der Beobachtung, unerschöpfliche Erfindungskraft und Sicherheit der Charakteristik nebst einer anmutigen, nur an Sentenzen etwas zu reichen Sprache waren seine Vorzüge. Seine zahlreichen Fragmente sammelte A. Meineke. Die 100 alphabetisch geordneten γνῶμαι μονόστιχοι sind grösstenteils den Komödien des Menander entlehnt.

Plautus ad exemplar Siculi properare Epicharmi,
Vincere Caecilius gravitate, Terentius arte.
60 Hos ediscit et hos arto stipata theatro
Spectat Roma potens, habet hos numeratque poetas
Ad nostrum tempus Livi scriptoris ab aevo.
Interdum vulgus rectum videt; est ubi peccat.
Si veteres ita miratur laudatque poetas,

V. 58: T. Maccius Plautus aus Sarsina im nördlichen Umbrien, um 254 geboren, kam in jungen Jahren nach Rom, wurde Theaterdiener und musste, als er bei Handelsunternehmungen sein Vermögen eingebüsst hatte, in einer Stampfmühle (pistrinum) sein Brot verdienen. In dieser Not schrieb er seine ersten Komödien, durch welche er rasch berühmt wurde. Sein Vorbild war, von Menander und Philemon abgesehen, besonders Diphilus aus Sinope. Von angeblich 130 Stücken des Plautus sind uns zwanzig erhalten, die ältesten vollständigen Werke in lateinischer Sprache. Plautus starb 184 v. Chr. Er ist originell, genial und durch die seinen Stücken beigemischten örtlichen Anspielungen und Beziehungen auf römische Zustände zugleich national und pikant. In der Schilderung lächerlicher Situationen und in der schlagenden Entgegnung des Dialogs (in sermonibus) sucht er seinesgleichen. So wurde und blieb er der Liebling der Römer. Mit Epicharm hatte er die lebendige Frische in der Durchführung der Handlung vom Anfang bis zum Ende (comoedia motoria) gemein. Den plautinischen Text hat Fr. Ritschl in seiner echten Gestalt zum grossen Teil wiederhergestellt.

Epicharmus, um 530 auf Kos als Sohn des Arztes Elothales geboren, lebte meist in den sizilischen Städten Megara und Syrakus (daher Siculus) und starb in letzterer Stadt im Alter von 90 oder 97 Jahren. In seiner Jugend soll er Pythagoreer und selbst Arzt gewesen sein. Ihm verdankte die dorisch-sizilische Komödie ihre Kunstform. Von seinen 35 echten Dramen haben wir fast nur Titel wie Ἥβης γάμος, Ἥφαιστος oder Κωμασταί, Βούσιρις, Κύκλωψ etc. Der im Dialog von ihm gebrauchte trochäische Tetrameter heisst metrum Epicharmium.

V. 59: C. Caecilius Statius (n. Cic. de opt. gen. dic. 1, 2: fortasse summus comicus) war ein als Sklave nach Rom gekommener Mailänder und starb 168 v. Chr. Varro sagt bei Nonius zum Wort melos: In argumentis (in der Wahl der Süjets) Caecilius poscit palmam, in ἤθεσι Terentius, in sermonibus Plautus. Cäcilius suchte sich von den Griechen unabhängig zu machen, entbehrte aber dazu

Vorwärts eilen nach Art Epicharms aus Sizilien Plautus,
Siegen Cäcil durch des Ausdrucks Kraft und Terenz durch die
Kunstform.
60 Solche Poeten studiert das gewaltige Rom nun und schaut sie
Dichtgedrängt im engen Theater, verehrt sie und zählt sie
Vom schriftstellernden Livius an bis auf unsere Tage.
Manchmal sieht das Volk das Richtige, öfter auch irrt es.
Wenn es die älteren Dichter nun so bewundert und lobpreist,

der urfrischen Originalität des Plautus. Sein Stil wird als hart getadelt, dagegen an seiner Rede das Pathos gelobt. Unter den zehn Palliatendichtern in dem Kanon des Volcatius bei Gellius 15, 24 nimmt er die erste Stelle ein, sodann folgen Plautus, Nävius, Licinius, Atilius, Terentius, Turpilius, Trabea, Luscius Lanuvinus (der malevolus vetus poeta des Terenz) und Ennius. Die Fragmente des Cäcilius finden sich bei Ribbeck II.

Publius Terentius Afer, um 194 v. Chr. in Karthago geboren, erhielt als Sklave des Senators Terentius Lucanus wegen seiner hervorragenden Gaben in Rom eine sorgfältige Erziehung und trat nach erlangter Freiheit daselbst als Komödiendichter auf. Die Anerkennung des Cäcilius, dem er auf Verlangen der Aedilen sein erstes Stück vorlesen musste, machte ihn rasch berühmt; der jüngere Scipio und Lälius wurden seine Freunde. Auf der Heimreise aus Griechenland starb er, 35 Jahre alt, 159 v. Chr. Die Titel seiner Komödien Andria, Eunuchus, Heautontimorumenos und Adelphi weisen auf Menander, Hecyra und Phormio auf Apollodorus von Karystus. Die Meisterschaft des Terenz liegt in der Feinheit der Charakteristik seiner Personen, in der planmässigen Entwickelung der Handlung, in der kunstvollen Verschmelzung zweier griechischer Musterstücke zu einem lateinischen Drama (contaminatio) und in der Anpassung des Metrums an den lateinischen Sprachgenius. In der vita Terentii von Sueton nennt Cäsar den Terenz einen dimidiatus Menander. Der ausgezeichnete Schauspieler Ambivius Turpio stellte die Stücke des Terenz dar.

V. 62: Livius Andronikus aus Tarent, der älteste römische Dichter, kam nach der Einnahme seiner Vaterstadt 272 v. Chr. als jugendlicher Kriegsgefangener nach Rom und wurde Sklave des Livius Salinator. Als Freigelassener führte er 240 in Rom das erste Drama auf und wurde so der Begründer der dramatischen Litteratur der Römer. Er verfasste Tragödien und Komödien. Die von ihm in dem saturnischen Versmass übersetzte Odyssee wurde als Schulbuch gebraucht. Die Fragmente der Odyssee sammelte O. Günther, Stettin 1864, die der Dramen Ribbeck I und II.

Epistolarum Lib. II, 1.

65 Ut nihil anteferat, nihil illis comparet, errat;
Si quaedam nimis antique, si pleraque dure
Dicere credit eos, ignave multa fatetur,
Et sapit et mecum facit et Iove iudicat aequo.
Non equidem insector delendave carmina Livi
70 Esse reor, memini quae plagosum mihi parvo
Orbilium dictare; sed emendata videri
Pulchraque et exactis minimum distantia miror.
Inter quae verbum emicuit si forte decorum et
Si versus paulo concinnior unus et alter:
75 Iniuste totum ducit venditque poema.
Indignor quicquam reprehendi, non quia crasse
Compositum illepideve putetur, sed quia nuper,
Nec veniam antiquis, sed honorem et praemia posci.
Recte necne crocum floresque perambulet Attae
80 Fabula si dubitem, clament periisse pudorem
Cuncti paene patres, ea cum reprehendere coner,
Quae gravis Aesopus, quae doctus Roscius egit:

V. 71: Orbilius Pupillus, geb. zu Benevent, war erst Schreiber, dann Soldat und wendete sich schliesslich dem Lehramt zu, anfangs in seiner Vaterstadt, später (seit 63 v. Chr.) in Rom, wo er sich hohen Ansehens erfreute, aber immer arm und wohl infolge dessen missmutig und finster blieb. Er starb im hundertsten Lebensjahre.

V. 79: T. Quinctius Atta, gestorben 78 v. Chr., dichtete wie Afranius fabulae togatae, und zwar, nach Titeln und Fragmenten zu schliessen, etwa 10. Seine Stärke waren die verba muliebria, der Ausdruck der Liebesleidenschaft.

V. 82: Clodius Aesopus, ein Freund des Pompejus und Cicero, vorwiegend tragischer Schauspieler und als solcher ein feiner Psychologe, trat bei der Einweihung des von Pompejus erbauten Theaters 56 vor Chr. zum letztenmal auf. Das Volk belohnte ihn für seine Leistungen so reichlich, dass er ein bedeutendes Vermögen hinterliess.

Q. Roscius Gallus, ein geborner Sklave aus dem Dörfchen Selonium bei Lanuvium, erkaufte sich die Freiheit, studierte an dem

An Augustus.

65 Dass es sie stets vorzieht, nichts ihnen vergleichet, so irrt es.
Wenn's glaubt, mancherlei sei veraltet, das meiste im Ausdruck
Hart, und von vielem gesteht, es sei matt, so zeigt es Verständnis,
Steht auf meiner Partei und urteilt ohne Verblendung.
Traun, ich befehde mit nichten des Livius Dichtungen, wünsche
70 Ihre Vernichtung auch nicht; ich denk' an die Schule, in der sie
Einst mir Orbil mit dem Stock einbleute; mich wundert nur,
   dass sie
Tadellos und schön und fast vollkommen erscheinen.
Blitzt dazwischen einmal zufällig ein glückliches Wort auf,
Klingt ein Vers und ein zweiter ein wenig zierlicher: unrecht
75 Ist es, das ganze Gedicht marktschreierisch anzuempfehlen.
Denn mich empört's, wenn ein Werk, nicht weil's plump oder
   geschmacklos
Ausgeführt scheint, nein, weil's neu ist, Tadel hervorruft;
Ja, wenn man statt Nachsicht für die Alten noch Ehre und
   Lohn heischt.
Zweifelte ich, ob das Stück des Atta über den Safran-
80 Und den Blumenduft auch mit Recht geht, sämtliche Väter
Schrieen sofort, es sei aus mit der Scham, da zu tadeln ich wagte,
Was der ernste Aesop, der gelehrte Roscius spielten:

äusseren Vortrag der grossen Redner auf dem Forum eifrig Mimik und verschaffte so seinem wohlgebauten, biegsamen Körper Zierlichkeit und Anmut. Als Schauspieler setzte er diese Studien fort und machte auf der Bühne keinen zu Hause nicht erwogenen und einstudierten Gestus. Auch theoretisch beschäftigte er sich mit seiner Kunst und schrieb eine Vergleichung zwischen der Rede- und der Schauspielkunst; daher doctus. Er war der gefeierteste Liebling des römischen Publikums und von Sulla und Cicero hochgeehrt, zumal da er auch als Mensch gross dastand. Der Besuch der von ihm gegründeten Theaterschule diente allen jungen Schauspielern zur Empfehlung. Roscius trat fast nur in Komödien und in der Regel ohne Maske auf und zeichnete sich durch die Darstellung der Leidenschaften und solcher Rollen, die ein lebendiges Geberdenspiel verlangten, aus. Das Honorar für seine Leistungen war sehr bedeutend. Erst kurz vor seinem Tode (um 62 v. Chr.) scheint er die Bühne verlassen zu haben. Cicero verteidigte ihn gegen eine Anklage des Fannius Chärea.

 V. 79—80: Die Bühne wurde mit Blumen bestreut und mit Safranessenz besprengt.

Vel quia nil rectum, nisi quod placuit sibi, ducunt,
Vel quia turpe putant parere minoribus, et quae
85 Imberbi didicere, senes perdenda fateri.
Iam Saliare Numae carmen qui laudat et illud,
Quod mecum ignorat, solus volt scire videri,
Ingeniis non ille favet plauditque sepultis,
Nostra sed impugnat, nos nostraque lividus odit.
90 Quod si tam Graecis novitas invisa fuisset
Quam nobis, quid nunc esset vetus? aut quid haberet,
Quod legeret tereretque viritim publicus usus?
Ut primum positis nugari Graecia bellis
Coepit et in vitium fortuna labier aequa,
95 Nunc athletarum studiis nunc arsit equorum,
Marmoris aut eboris fabros aut aeris amavit,
Suspendit picta vultum mentemque tabella,
Nunc tibicinibus, nunc est gavisa tragoedis;
Sub nutrice puella velut si luderet infans,
100 Quod cupide petiit, mature plena reliquit.
Quid placet aut odiost, quod non mutabile credas?
Hoc paces habuere bonae ventique secundi.
Romae dulce diu fuit et sollemne reclusa
Mane domo vigilare, clienti promere iura,
105 Cautos nominibus rectis expendere nummos,
Maiores audire, minori dicere, per quae
Crescere res posset, minui damnosa libido.
Mutavit mentem populus levis et calet uno
Scribendi studio: puerique patresque severi
110 Fronde comas vincti cenant et carmina dictant.

V. 86: Bei den salischen Prozessionen wurden Lieder (axamenta) auf Mars und andere Gottheiten gesungen; die älteren Salier sangen, die jüngeren führten Tänze auf. Die Sprache dieser Lieder

Sei's weil sie nur für schön, was ihnen gefallen hat, halten
Oder für schimpflich erachten, auf Jüngre zu hören und rundweg
85 Preiszugeben im Alter, was einst sie als Knaben erlernten.
Wer noch das Salierlied des Numa preist und sich anmasst,
Das allein zu verstehn, was ihm ebenso dunkel wie mir ist,
Der zollt Gunst und Beifall nicht den verstorbenen Meistern,
Sondern bekämpft nur uns, hasst neidisch uns und das Unsre.
90 Hätten die Griechen daher gleich uns das Neue gehasst, was
Wäre zur Jetztzeit alt? Wo hätte das Publikum heute
Bücher zu lesen und wieder zu lesen zu freier Verfügung? —
Als mit der Kriegszeit Schluss schöngeistiges Wesen in Hellas
Einzog, und bei der Fülle des Glücks Verweichlichung eintrat,
95 Glühte man bald für des Ringkampfs Lust und bald für die
Rennbahn,
Schwärmte für Werke von Erz, von Elfenbein und von Marmor,
Hing mit dem Auge, dem Herz an schönen Gemälden und freute
Bald sich am Flötenspiel und bald an der Kunst der Tragöden;
Doch wie es unter der Wärterin Hut beim Spielen das Kind
macht,
100 Hatte man blitzschnell satt, was eben noch sehnlichster Wunsch
war.
Was ist beliebt, was verhasst, das keine Wandlung erlitte?
Günst'ge Verhältnisse führten dahin und friedliche Zeiten.
Lange war's süsse Gewohnheit in Rom, mit dem Tag zu erwachen,
Gleich zu öffnen das Haus, den Klienten das Recht zu erläutern,
105 Gegen Versicherung Geld an richtige Männer zu leihen,
Aeltere Leute zu hören und jüngern zu zeigen, wie's möglich
Sei, das Vermögen zu mehren und teueren Launen zu steuern.
Anders geartet ist heute der Sinn der lock'ren Bevölkerung;
Sie schwärmt einzig dafür zu dichten; und Knaben und ernste
110 Männer verlesen beim Mahl, den Kranz auf dem Haupte, Gedichte.

Divum émpta cánte divum — déo supplicánte ...
Cozeülo dóri éso — óminá véro
Ad pátula coemísse — Jani cúsianes etc.
war im letzten Jahrhundert v. Chr. niemanden mehr verständlich.
V. 90: Bei den Griechen ist hier vorzugsweise an die Entwicklung Athens nach den Perserkriegen zu denken.

Ipse ego, qui nullos me affirmo scribere versus,
Invenior Parthis mendacior et prius orto
Sole vigil calamum et chartas et scrinia posco.
Navim agere ignarus navis timet, abrotonum aegro
115 Non audet, nisi qui didicit, dare, quod medicorumst,
Promittunt medici, tractant fabrilia fabri:
Scribimus indocti doctique poemata passim.
Hic error tamen et levis haec insania, quantas
Virtutes habeat, sic collige: vatis avarus
120 Non temerest animus; versus amat, hoc studet unum;
Detrimenta, fugas servorum, incendia ridet,
Non fraudem socio puerove incogitat ullam
Pupillo; vivit siliquis et pane secundo;
Militiae quamquam piger et malus, utilis urbi,
125 Si das hoc, parvis quoque rebus magna iuvari.
Os tenerum pueri balbumque poeta figurat,
Torquet ab obscaenis iam nunc sermonibus aurem,
Mox etiam pectus praeceptis format amicis,
Asperitatis et invidiae corrector et irae,
130 Recte facta refert, orientia tempora notis
Instruit exemplis, inopem solatur et aegrum.
Castis cum pueris ignara puella mariti
Disceret unde preces, vatem ni Musa dedisset?
Poscit opem chorus et praesentia numina sentit,
135 Caelestes implorat aquas docta prece blandus,
Avertit morbos, metuenda pericula pellit,
Impetrat et pacem et locupletem frugibus annum.

V. 112: Die Parther pflegten in verstellter Flucht plötzlich umzukehren und den Feind aufs neue anzugreifen.

V. 114: Die citronenartig riechende Eberraute (Stabwurz, artemisia abrotonum) dient wie die Wurzel des gemeinen Beifusses

Selbst ich, der die Versicherung gab, das Dichten zu lassen,
Stehe als grösserer Lügner da denn die Parther; und längst
      wach,
Ehe es taget, begehr' ich Papier, Schreibrohr und die Mappe.
Schiffe zu steuern scheut, wer schiffsunkundig ist; Stabwurz
115 Wagt nur, wer es versteht, dem Kranken zu geben; Genesung
Sagen die Aerzte nur zu; nur die Schmiede schmieden das
      Eisen:
Verse verfassen wir insgesamt, Gelehrte wie Laien.
Doch welch praktischer Wert in dieser Verirrung und diesem
Wahnsinnsanflug liegt, das entnimm der Erfahrung: Nicht
      leicht ist
120 Geizig des Dichters Gemüt; sein Sehnen und Sinnen sind Verse;
Ueber Vermögensverlust, Brandschaden, entlaufene Sklaven
Lacht er und sinnt nicht auf Trug am Geschäftsfreund oder
      dem kleinen
Mündel; er lebt ja nur von Hülsenfrüchten und Schwarzbrod.
Ist er im Krieg auch zu schlecht und zu träge, der Stadt ist
      er nützlich,
125 Wenn du mir zugestehst, dass auch Kleines fördre das Grosse.
Zarten Kindern schon formet den Mund, der noch stammelt,
      der Dichter,
Lenket bei Zeiten ihr Ohr von Gesprächen schmutziger Art ab,
Sucht alsbald auch ihr Herz durch freundliche Lehren zu
      bilden,
Geisselt den widerspänstigen Sinn und den Neid und die Rach-
      sucht,
130 Macht sie mit rühmlichen Thaten bekannt, stellt künft'gen Ge-
      schlechtern
Muster der Vorzeit auf und tröstet Betrübte und Arme.
Von wem lernten denn beten unschuldige Mägdlein, vereint mit
Züchtigen Jünglingen, hätte versagt uns die Muse den Sänger?
Hilfe begehret ihr Chor und fühlet die Nähe der Gottheit,
135 Flehet um Regen zu Zeus, mit erlernten Gebeten bezaubernd,
Wendet die Seuchen ab und verscheucht graunvolle Gefahren,
Sichert den Friedensstand und ein reichgesegnetes Fruchtjahr.

---

noch heutigestags als scharf erregendes, harn- und schweisstrei-
bendes Hausmittel.

. Carmine di superi placantur, carmine Manes.
Agricolae prisci, fortes parvoque beati,
140 Condita post frumenta levantes tempore festo
Corpus et ipsum animum spe finis dura ferentem,
Cum sociis operum, pueris et coniuge fida,
Tellurem porco, Silvanum lacte piabant,
Floribus et vino Genium memorem brevis aevi.
145 Fescennina per hunc invecta licentia morem
Versibus alternis opprobria rustica fudit,
Libertasque recurrentes accepta per annos
Lusit amabiliter, donec iam saevus apertam
In rabiem verti coepit iocus et per honestas
150 Ire domos impune minax. Doluere cruento
Dente lacessiti, fuit intactis quoque cura ‑
Condicione super communi, quin etiam lex
Poenaque lata, malo quae nollet carmine quemquam
Describi; vertere modum formidine fustis
155 Ad bene dicendum delectandumque redacti.

V. 143: Tellus (gr. Γαῖα, Γῆ) war bei den Römern fast gleichbedeutend mit Ceres. An den Saatfesten im Januar (feriae sementivae) opferte man ihr trächtige Tiere (Fordicidia.) Der Tellus stand eine männliche Gottheit von gleicher Bedeutung, Tellumo, zur Seite.

Silvanus scheint eine Verselbständigung einer Eigenschaft des Mars zu sein, der in alter Zeit auch als Beschützer der Pflanzenwelt und der Herden galt. Silvanus, der Gott des Waldes und Feldes, der Herden und des Wachstums überhaupt, hatte als der besondere Schutzgott des Landmanns drei Standbilder, eines in dem Hause, eines in der Mitte der Flur und ein drittes an der Grenze der Besitzung. Sein Erntefest wurde im Herbste gefeiert.

V. 144: Der Genius, des Menschen unsichtbarer Lebensgefährte, sein guter Geist, sein besseres Ich und der Inbegriff aller seiner höheren Geistesanlangen, wurde am Geburts- und Hochzeitstag, sowie bei anderen wichtigen Lebensabschnitten mit Opfern gefeiert, bei denen froher Lebensgenuss die Hauptsache war. Nach

Nur durch das Lied wird der Himmel versöhnt, durch das Lied
nur der Hades.
Brav und mit wenig beglückt, vergönnte vor alters der Landmann,
140 War das Getreide daheim, an dem Feste dem Körper Erholung
Wie auch dem Geist, der die Mühen ertrug in der Hoffnung aufs Ende;
Gleich ihm seine Genossen beim Werk, sein Weib und die Kinder;
Tellus erhielt zur Sühne ein Schwein und Sahne Silvanus,
Wein und Blumen der Gott, der gedenk ist der Kürze des Lebens.
145 Fescenninische Festfreiheit kam solcher Gestalt auf,
Und in Wechselgesängen ergoss sich die ländliche Necklust.
Gerne gesehen war der Freimut, kehrte der Festtag
Wieder; und lieblicher Art war sein Spiel, bis in offenen Wahnwitz
Auszuarten begann der schon hämische Scherz und, gefahrlos
150 Drohend, in edle Familien drang. Da beklagte sich jeder,
Welchen der blutige Zahn verletzte; und selbst wer verschont blieb,
Sorgte sich ob der gemeinen Gefahr; ja sogar ein Gesetz kam,
Welches bei Strafe verbot, im Schmählied andre zu zeichnen.
Sanftere Weisen nun stimmte man an und kehrte, den Knüttel
155 Fürchtend, zu höflichem Tone zurück, zu Ergötzen und Frohsinn.

---

dem Tode bleibt der Genius auf der Oberwelt und verweilt gern am Grabe seines Schützlings; cf. ep. II., 2, 187—189. Neben den guten gab's auch böse Genien ($\varkappa\alpha\varkappa o\delta\alpha\ell\mu o\nu\epsilon\varsigma$) wie das Gespenst des Brutus. Die Genien der Frauen hiessen Junones. Wie der einzelne Mensch hatte auch jede Familie und Genossenschaft, Städte und Staaten ihren Genius (Genius publicus, Genius populi Romani).

V. 145: Fescennium, ein Ort Südetruriens in der Nähe des Soracte, ist wahrscheinlich das heutige Citta Castella. Die fescenninischen Possen (carmina Fescennina) waren rhythmisch, aber ohne bestimmtes Metrum.

V. 153: In dem Zwölftafelgesetz stand auf Schmähgedichte (mala carmina) die Todesstrafe.

Graecia capta ferum victorem cepit et artes
Intulit agresti Latio: sic horridus ille
Defluxit numerus Saturnius, et grave virus
Munditiae pepulere; sed in longum tamen aevum
160 Manserunt hodieque manent vestigia ruris.
Serus enim Graecis admovit acumina chartis
Et post Punica bella quietus quaerere coepit,
Quid Sophocles et Thespis et Aeschylus utile ferrent.
Tentavit quoque rem si digne vertere posset,
165 Et placuit sibi, natura sublimis et acer:
Nam spirat tragicum satis et feliciter audet,
Sed turpem putat inscite metuitque lituram.
Creditur, ex medio quia res arcessit, habere
Sudoris minimum, sed habet comoedia tanto
170 Plus oneris, quanto veniae minus. Adspice, Plautus
Quo pacto partes tutetur amantis ephebi,
Ut patris attenti, lenonis ut insidiosi,
Quantus sit Dossennus edacibus in parasitis,
Quam non adstricto percurrat pulpita socco:

V. 156: Schon seit dem Ende des tarentinischen Kriegs (272 v. Chr.) und der Eroberung Siciliens (163 v. Chr.), nicht erst seit der Eroberung Korinths (146 v. Chr.) datierte die Bekanntschaft der Römer mit griechischer Litteratur und Kunst.

V. 158: In dem saturnischen Versmass hatte Nävius sein Epos von dem ersten punischen Krieg geschrieben und Livius Andronikus seine Odyssee übersetzt. Schon Ennius spricht sich im Eingang zu seinen Annalen wegwerfend über dasselbe aus.

V. 162: Es ist der erste (264—241) und zweite punische Krieg (218—202 v. Chr.) gemeint.

V. 164: Thespis aus dem attischen Demos Ikaria (um 530 v. Chr.) fügte den an den Dionysusfesten vorgetragenen dithyrambischen Chorgesängen eine Erzählung und eine mimisch-orchestrische Darstellung der dionysischen Mythen bei. Er scheint Dichter, Tonsetzer und Schriftsteller in einer Person gewesen zu sein, hat aber nichts Schriftliches hinterlassen.

Hellas, bezwungen, bezwang den barbarischen Sieger und
    brachte
Zu den latinischen Bauern die Musen; das steife saturn'sche
Versmass kam so ausser Gebrauch, und der holprichte Misch-
    masch
Machte der Zierlichkeit Platz; doch blieben die Spuren des
    Landes
160 Noch auf lange hinaus und sind bis heute geblieben.
Denn spät lenkte der Römer den Blick auf die Werke der
    Griechen;
Erst nach den punischen Kriegen erhob er im Frieden die
    Frage,
Was denn ein Sophokles, was ein Thespis und Aeschylus
    nützten.
Würdige Uebertragung des Stoffs versuchte er gleichfalls
165 Und war zufrieden mit sich, hochstrebend und feurig von
    Haus aus;
Denn er ist tragischen Geistes voll und bei Wagnissen glücklich,
Aber er scheut unklug die Feile und hält sie für schimpflich.
Weil es den Stoff aus dem Leben entlehnt, so glaubt man, das
    Lustspiel
Fordere weniger Schweiss; doch macht es, je minder es Nachsicht
170 Findet, noch gröss're Beschwer. Betrachte die Rollen des
    Plautus,
Wie er den liebenden Jüngling, wie den verschlagenen Kuppler,
Wie den genauen Papa darstellt; wie erhaben Dossennus
Unter dem Bettelvolk gefräss'ger Schmarotzer sich ausnimmt,
Mit welch schlotterndem Schuhwerk er auf der Bühne herum-
    läuft.

Sophokles, geb. 497, gest. 406 v. Chr., war der Sohn des
Sophilus, des Besitzers einer Waffenfabrik, aus dem Gau Kolonos.
 Euripides, geb. auf der Insel Salamis am 5. Oktober 480
v. Chr., gest. 405 zu Pella in Macedonien am Hofe des Königs
Archelaus, war der Sohn des Krämers (oder Schenkwirts) Mne-
sarchus und der Gemüsehändlerin Kleito.
 V. 173: (Fabius) Dossennus scheint kein Komödiendich-
ter, sondern der Name eines stehenden burlesken Charakters in den
Atellanen, einer Art heiterer Volkspossenspiele, zu sein, wie es
Maccus, Bucco und Pappus waren.

175 Gestit enim nummum in loculos demittere, post hoc
Securus, cadat an recto stet fabula talo.
Quem tulit ad scaenam ventoso Gloria curru,
Exanimat lentus spectator, sedulus inflat.
Sic leve, sic parvumst, animum quod laudis avarum
180 Subruit ac reficit. Valeat res ludicra, si me
Palma negata macrum, donata reducit opimum.
Saepe etiam audacem fugat hoc terretque poetam,
Quod numero plures, virtute et honore minores,
Indocti stolidique et depugnare parati,
185 Si discordet eques, media inter carmina poscunt
Aut ursum aut pugiles: his nam plebecula gaudet.
Verum equitis quoque iam migravit ab aure voluptas
Omnis ad incertos oculos et gaudia vana.
Quattuor aut plures aulaea premuntur in horas,
190 Dum fugiunt equitum turmae peditumque catervae;
Mox trahitur manibus regum fortuna retortis,
Esseda festinant, pilenta, petorrita, naves,
Captivum portatur ebur, captiva Corinthus.
Si foret in terris, rideret Democritus, seu

V. 175: Die Dichter verkauften ihre Schauspiele in früherer Zeit an die Aedilen, späterhin auch an die Grossen, die sie wie jene dem Volke zum Besten gaben.
V. 193: Bei dem Triumph über Antiochus den Grossen von Syrien (189 v. Chr.) wurden in Rom mehr als 1200 Elephantenzähne mit aufgeführt.
V. 194: Demokritus aus Abdera in Thracien, geb. zwischen 470 und 460 v. Chr., jünger als Anaxagoras und ein Zeitgenosse des Sokrates und Plato, verwendete sein grosses Vermögen zu Reisen nach Aegypten und ins Innere Asiens und starb 361 v. Chr. in hohem Alter. Er gilt mit seinem Lehrer Leucippus als der Begründer der Atomistik. Er nahm eine in der ganzen Welt verbreitete göttliche Substanz von besonders gearteten Atomen der feinsten Be-

175 Denn sein Bestreben ist, Geld in die Kasse zu schaffen; ob's
    Schauspiel
  Durchfällt oder sich hält, das kümmert ihn fürder nicht weiter.
  Wen auf luft'gem Gefährt Ehrgeiz zu den Brettern empor-
    trug,
  Tötet der kühle Empfang des Beschauers; sein Eifer ent-
    flammt ihn.
  So leichtwertig und klein ist, was ehrgeizige Seelen
180 Schwer kränkt oder erhebt. Fahr wohl, Schaubühne, wofern
    mich
  Mager der Palmzweig macht, der versagt bleibt, fett die Ver-
    leihung!
  Oft auch scheuchet zurück und erschreckt den beherzteren
    Dichter,
  Dass die Mehrheit an Zahl, die an Wert und an Ehren zurück-
    steht,
  Ungebildet und ungeschlacht, stets lüstern zu raufen,
185 Stimmt ihr der Ritter nicht bei, inmitten des Stückes nach
    Bären
  Oder nach Boxern brüllt; denn an derlei freut sich der Pöbel.
  Doch auch des Ritters Vergnügen hat sich schon ganz von dem
    Ohr weg
  Hin zu dem schweifenden Blick und zu nichtigen Freuden ge-
    wendet.
  Auf vier Stunden und mehr bleibt aufgezogen der Vorhang:
190 Reitergeschwader und Scharen von Fussvolk fliehen vorüber;
  Unglückskönige schleppen sich nach, auf dem Rücken die
    Arme;
  Karren eilen dahin, Karossen und Kutschen und Schiffe;
  Beute von Elfenbein, Korinths Raub trägt man vorüber.
  Weilte Demokritus noch auf der Erde, er lachte darüber,

---

schaffenheit an, von denen nicht bloss die Götter, sondern auch die Seelen der lebenden Wesen herstammten. Das Einatmen solcher Atome erhält alles Lebendige. Ziel der Erkenntnis ist dem Demokrit die Gemütsruhe ($εὐθυμία$); daher vielleicht die Sage vom stets lachenden ($γελασῖνος$) Demokritus. Seine Schriften wurden in der römischen Kaiserzeit von Thrasyllus gesammelt, gingen aber trotzdem bis auf spärliche Reste verloren.

195 Diversum confusa genus panthera camelo
Sive elephas albus vulgi converteret ora;
Spectaret populum ludis attentius ipsis
Ut sibi praebentem nimio spectacula plura,
Scriptores autem narrare putaret asello
200 Fabellam surdo. Nam quae pervincere voces
Evaluere sonum, referunt quem nostra theatra?
Garganum mugire putes nemus aut mare Tuscum,
Tanto cum strepitu ludi spectantur et artes
Divitiaeque peregrinae, quibus oblitus actor
205 Cum stetit in scaena, concurrit dextera laevae.
Dixit adhuc aliquid? Nil sane. Quid placet ergo?
Lana Tarentino violas imitata veneno.
Ac ne forte putes me, quae facere ipse recusem,
Cum recte tractent alii, laudare maligne:
210 Ille per extentum funem mihi posse videtur
Ire poeta, meum qui pectus inaniter angit,
Inritat, mulcet, falsis terroribus implet,
Ut magus, et modo me Thebis modo ponit Athenis.
Verum age et his, qui se lectori credere malunt
215 Quam spectatoris fastidia ferre superbi,
Curam redde brevem, si munus Apolline dignum
Vis complere libris et vatibus addere calcar,
Ut studio maiore petant Helicona virentem.
Multa quidem nobis facimus mala saepe poetae,

V. 195: Die Giraffe (camelopardalis) wurde 46 v. Chr. von Cäsar aus Afrika nach Rom gebracht.
V. 207: Bedeutende Purpurfärbereien in Italien gab es ausser Tarent auch zu Ankona und Ariminum.

195 Sei's dass ein Panther, gepaart dem Kamel, ein verschiedenes
    Wesen,
Oder die Weisse des Elephants auf sich zöge die Blicke;
Aufmerksamer betrachtete er das Volk als die Spiele,
Da es zum Schauen ihm übergenug darböte des Stoffes,
Hielte jedoch dafür, dass dem tauben Esel die Dichter
200 Märchen erzählten. Denn was für Stimmen vermöchten den
    Lärmen
Je zu bewältigen, der aus unsern Theatern herausschallt?
Wie der garganische Forst, wie das tuscische Meer bei dem
    Sturm braust:
Unter Getöse der Art schaut Rom Kunstwerke und Spiele
Nebst ausländischem Prunk; und erscheint auf der Bühne der
    Spieler,
205 Reichbeladen damit, so klascht in die Linke die Rechte.
Sagte er schon etwas?. „Kein Wort noch!" Nun was gefällt
    denn?
„Nichts als ein veilchenblaues Gewand tarentinischen Pur-
    purs."
Und dass nicht etwa du glaubst, mein Lob sei Bosheit, wenn
    andre
Das mit Geschick handhaben, wogegen ich selber mich sträube,
210 Wisse, mir scheint ein Poet Seiltänzerkünste zu treiben,
Welcher mein Herz grundlos in Angst bringt oder zum Zorn
    reizt,
Bald mir schmeichelt und bald mir mit Truggebilden den
    Kopf füllt,
Aehnlich dem Gaukler, und bald mich nach Theben und bald
    nach Athen führt.
Doch auch jenem Talent, das lieber an Leser sich wendet,
215 Als es den ekligen Stolz des Theaterpublikums aushält,
Spende ein wenig Huld, wenn das stattliche Stift des Apollo
Soll als Bibliothek aufblühen und spornen die Dichter,
Dass sie mit noch mehr Lust aufklimmen zu Helikons Triften.
Oftmals schaden wir zwar uns selbst am meisten, wir Dichter,

V. 216: Augustus stiftete 28 v. Chr. in dem Tempel des pa-
latinischen Apollo eine öffentliche Bibliothek.

220 Ut vineta egomet caedam mea, cum tibi librum
Sollicito damus aut fesso; cum laedimur, unum
Siquis amicorumst ausus reprehendere versum;
Cum loca iam recitata revolvimus inrevocati;
Cum lamentamur, non adparere labores
225 Nostros et tenui deducta poemata filo;
Cum speramus eo rem venturam, ut simul atque
Carmina rescieris nos fingere, commodus ultro
Arcessas et egere vetes et scribere cogas.
Sed tamen est operae pretium cognoscere, quales
230 Aedituos habeat belli spectata domique
Virtus, indigno non committenda poetae.
Gratus Alexandro regi Magno fuit ille
Choerilus, incultis qui versibus et male natis
Rettulit acceptos, regale nomisma, Philippos.
235 Sed veluti tractata notam labemque remittunt
Atramenta, fere scriptores carmine foedo
Splendida facta linunt. Idem rex ille, poema
Qui tam ridiculum tam care prodigus emit,
Edicto vetuit, nequis se praeter Apellem
240 Pingeret aut alius Lysippo duceret aera

V. 220: Vgl. die deutschen Sprichwörter: „Gegen sein eigenes Fleisch wüten", „seine eigene Haut zu Markte tragen."
V. 233: Chörilus aus Jasos in Karien, der Hofdichter Alexanders des Grossen, ist nicht mit Chörilus aus Athen um (500 v. Chr.), einem Rivalen des Aeschylus in der Tragödie, und nicht mit Chörilus von Samos, der um 404 v. Chr. ein Epos Perseis (eine Geschichte der Perserkriege) dichtete, zu verwechseln.
V. 239: Apelles aus Kos (356—308), Schüler des Malers Pamphilus aus Amphipolis, des Stifters der Malerschule von Sicyon (um 360 v. Chr.), verband Naturwahrheit mit schöpferischer Kraft. Im Tempel der Diana zu Ephesus zeigte man das von ihm gemalte Bild des den Blitz schleudernden Alexander, an welchem die her-

220 Wenn wir, damit ich den Weinberg selbst umhaue, dir Bücher
Bringen zur Zeit, wo verstimmt, wo du müde bist; wenn wir
verletzt sind,
Dass sich ein Freund anmasste, nur einen der Verse zu tadeln;
Wenn wir, obwohl kein Mensch es begehrt, schon gelesene
Stellen
Wiederholen und laut wehklagen, dass unsere Arbeit,
225 Gleichwie das feine Gewebe des Lieds zu wenig erkannt sei;
Wenn wir erwarten, es komme dahin, dass du, wenn du vernommen,
Lieder beschäftigten uns, gefällig aus eigenem Antrieb
Uns einladest, vor Mangel bewahrst und zum Dichten uns
nötigst.
Dennoch verlohnt sich's der Müh', die Hüter des Tempels zu
kennen,
230 Deren der Held sich erfreut, der im Frieden und Krieg sich
bewährt hat
Und unnahbar dastehn muss unwürdigen Dichtern.
Bei Alexander dem Grossen beliebt war jener bekannte
Chörilus, welcher mit rauhen, misslungenen Versen bezahlte,
Was er an Philippskronen empfing, der Münze des Königs.
235 Doch wie die Tinte, sobald man sie anrührt, Flecken und
Kleckse
Macht, so beschmutzt in der Regel ein Dichter durch schnödes
Geschreibsel
Glänzende Thaten. Indes der nämliche Held Alexander,
Welcher ein kläglich Gedicht verschwendrisch so teuer bezahlte,
Liess ein Verbot ausgehn, dass ihn niemand ausser Apelles
240 Male, dass niemand sonst als Lysippus Werke in Erzguss,

---

vortretende Hand und der wie ausser der Fläche erscheinende Blitz
allgemeine Bewunderung erregten.
V. 240: Lysippus aus Sicyon, in seiner Jugend Kupferschmied, glaubte bei dem Studium des menschlichen Körpers das
Ideal aller Schönheit in der Vereinigung grösster Aehnlichkeit mit
dem höchsten Mass von körperlicher Schönheit gefunden zu haben.
Alexander wurde von ihm in verschiedenen Grössen und Stellungen
dargestellt, in jugendlicher, männlicher Schönheit, auf der Jagd,

Fortis Alexandri vultum simulantia. Quodsi
Iudicium subtile videndis artibus illud
Ad libros et ad haec Musarum dona vocares:
Boeotum in crasso iurares aere natum.
245 At neque dedecorant tua de se iudicia atque
Munera, quae multa dantis cum laude tulerunt
Dilecti tibi Vergilius Variusque poetae,
Nec magis expressi voltus per ahenea signa
Quam per vatis opus mores animique virorum
250 Clarorum adparent. Nec sermones ego mallem
Repentes per humum quam res componere gestas
Terrarumque situs et flumina dicere et arces
Montibus impositas et barbara regna, tuisque
Auspiciis totum confecta duella per orbem
255 Claustraque custodem pacis cohibentia Ianum
Et formidatam Parthis te principe Romam,
Si, quantum cuperem, possem quoque: sed neque parvum
Carmen maiestas recipit tua, nec meus audet
Rem temptare pudor, quam vires ferre recusent.
260 Sedulitas autem, stulte quem diligit, urguet,
Praecipue cum se numeris commendat et arte:
Discit enim citius meminitque libentius illud,

---

im Kampf, auf dem Thron sitzend, reitend und auf dem Wagen stehend. Der auf der Jagd einen Löwen erlegende Alexander wurde von Kraterus als Weihgeschenk in Delphi aufgestellt.

    V. 247: P. Vergilius Maro wurde 70 v. Chr. zu Andes bei Mantua geboren und starb am 22. September 19. v. Chr. in Brundisium auf der Rückreise von Griechenland.

    L. Varius Rufus, der Freund des Katull und Vergil, vermittelte die Einführung des Horaz bei Mäcenas. Dem Varius und dem Plotius Tucca hatte Vergil auf dem Sterbebette seine Aeneide übergeben. Des Varius erstes Werk de morte, ein Epos, war dem Andenken des C. Julius Cäsar gewidmet. Als Tragiker erfreute

An Augustus.

Welche des Königs Gestalt nachbildeten, schaffe. Wenn demnach
Jener Geschmack, so fein, wo es gilt, Kunstwerke zu würd'gen,
Auch urteilte bei Büchern und derlei Geschenken der Musen,
Traun, du schwürest, er sei ein Produkt der böotischen
Sumpfluft.
245 Aber mit nichten entehrt dich dein Urteil über die Dichter
Varius und Vergil, die du liebtest, mit nichten so manches
Ehrengeschenk, das zum Ruhme des Gebers ihnen zu teil
ward.
Und nicht lebendiger treten die Züge im ehernen Standbild
Als in der Dichtung der Geist und Charakter gefeierter Männer
250 Uns vor das Auge. Und statt der Gespräche prosaischen
Inhalts
Sänge ich lieber ein Heldengedicht und schilderte lieber
Landschaftsreize und Flüsse und hoch auf den Bergen erbaute
Schlösser und Throne des Auslands; pries' am liebsten, dass
unter
Deiner Regierung der Krieg auf der ganzen Erde beendet,
255 Janus, der Friedenshort, von ehernen Pforten umschlossen
Und Rom, seit du regierst, von den Parthern gefürchtet als
Feind sei:
Wenn nur das Können dem Wollen entspräche; indessen mit
deiner
Höhe verträgt sich ein kleines Gedicht mit nichten; und meine
Ehre verbietet, ein Werk zu versuchen, zu dem mir die Kraft
fehlt.
260 Thörichter Liebe entstammend, wird Uebereifer nur lästig,
Namentlich wenn er es wagt, sich durch rhythmische Kunst
zu empfehlen.
Denn viel schneller erlernt, viel leichter merkt sich ein jeder

---

sich Varius eines noch grösseren Rufes. Sein Thyestes galt neben der Medea Ovids als die vorzüglichste römische Tragödie. Das Stück wurde 29 v. Chr. bei den zu Ehren des Siegers von Aktium veranstalteten Festspielen zum erstenmal aufgeführt und von Augustus mit einer Million Sesterzien honoriert.

V. 255: Der Janus wurde unter Augustus mehrmals geschlossen, zuerst 29, dann 24 und vielleicht auch 10 v. Chr.

Quod quis deridet, quam quod probat et veneratur.
Nil moror officium, quod me gravat, ac neque ficto
265 In peius voltu proponi cereus usquam
Nec prave factis decorari versibus opto,
Ne rubeam pingui donatus munere et una
Cum scriptore meo capsa porrectus aperta
Deferar in vicum vendentem tus et odores
270 Et piper et quidquid chartis amicitur ineptis.

V. 269: Der vicus Tuscus hiess auch turarius, Weihrauchviertel.

Das, worüber man lacht, als das, was man billigt und hochhält.
Mich lässt Freundschaftsdienst, der mich drückt, gleichgültig,
                    und nirgends
265 Will ich mit einem verzerrten Gesicht ausstehen als Wachsbild
Noch mich verherrlicht sehn durch übelgeratene Verse,
Dass mich nicht schamrot macht solch plumpes Geschenk, dass
                    ich nicht muss
Wandern, mit meinem Dichter zugleich im offenen Kasten
Liegend, in jenes Quartier, das Wohlgerüche und Weihrauch,
270 Pfeffer und was in Dütenpapier gewickelt wird, feilhat.

EPISTOLA II.

Ad Julium Florum.

Flore, bono claroque fidelis amice Neroni,
Siquis forte velit puerum tibi vendere natum
Tibure vel Gabiis et tecum sic agat 'hic et
Candidus et talos a vertice pulcher ad imos
5 Fiet eritque tuus nummorum milibus octo,
Verna ministeriis ad nutus aptus eriles,
Literulis Graecis imbutus, idoneus arti
Cuilibet: argilla quidvis imitaberis uda;
Quin etiam canet indoctum, sed dulce bibenti.
10 Multa fidem promissa levant, ubi plenius aequo
Laudat venales, qui volt extrudere merces.
Res urguet me nulla; meo sum pauper in aere.
Nemo hoc mangonum faceret tibi; non temere a me
Quivis ferret idem. Semel hic cessavit et, ut fit,
15 In scalis latuit metuens pendentis habenae;
Des nummos, excepta nihil te si fuga laedit':
Ille ferat pretium poenae securus, opinor.

V. 1: Der Scholiast Porphyrion nennt den Julius Florus satirarum scriptor und schreibt ihm eine Anthologie aus den Satiren des Ennius, Lucilius und Varro zu. Der pannonisch-dalmatinische Feldzug, auf dem Florus den nachherigen Kaiser Tiberius begleitete, fällt in das Jahr 11 v. Chr.

V. 3: Tibur (j. Tivoli), mit Gabii (vgl. zu II, 1,25) eine der ältesten Latinerstädte und ein beliebter Landaufenthalt der Römer,

Zweite Epistel.

An Julius Florus.

Florus, verlässiger Freund des erlauchten und trefflichen Nero,
Setze den Fall: Dir führt ein Händler ein Bürschlein aus Tibur
Oder aus Gabii vor und spricht zu dir also: „Der Junge,
Blendend weiss und schön vom Scheitel bis zu den Sohlen,
5 Wird dein eigen und bleibt's, wenn du zahlst achttausend Sesterze;
Brauchbar ist für den Dienst auf den Wink des Gebieters der Bursche,
Kennt sich im Griechischen aus und versteht sich auf jegliches Kunststück;
Das ist geschmeidiger Thon, nach Belieben kannst du ihn modeln;
Selbst sein Gesang ist beim Wein wohllautend; es fehlt nur die Schulung.
10 Vieles Versprechen erregt Verdacht, wenn der Händler die Waare
Ueber Gebühr anpreist, der er gern sich entledigen möchte.
Mich drückt nirgends der Schuh; bin arm, doch keinem was schuldig.
Keiner der Makler thäte dir das; traun, j e d e r erhielte
So auch nicht leicht ihn von mir; nur einmal blieb er zu lang aus
15 Und kroch unter die Stiege aus Furcht vor der Peitsche am Nagel.
Zahle das Geld, wenn du nicht nimmst Anstoss an der Verspätung."
Sicher vor Schadenersatz streicht, denk' ich, der Händler sein Geld ein.

---

lag auf beiden Seiten des Anio und hatte mitten in der Stadt einen Wasserfall.

Prudens emisti vitiosum, dicta tibist lex:
Insequeris tamen hunc et lite moraris iniqua?
20 Dixi me pigrum proficiscenti tibi, dixi
Talibus officiis prope mancum, ne mea saevus
Iurgares, ad te quod epistola nulla rediret.
Quid tum profeci, mecum facientia iura
Si tamen attemptas? Quereris super hoc etiam, quod
25 Exspectata tibi non mittam carmina mendax.
Luculli miles collecta viatica multis
Aerumnis, lassus dum noctu stertit, ad assem
Perdiderat: post hoc vemens lupus et sibi et hosti
Iratus pariter, ieiunis dentibus acer,
30 Praesidium regale loco deiecit, ut aiunt,
Summe munito et multarum divite rerum.
Clarus ob id factum donis ornatur honestis
Accipit et bis dena super sestertia nummum.
Forte sub hoc tempus castellum evertere praetor
35 Nescio quod cupiens hortari coepit eundem
Verbis, quae timido quoque possent addere mentem:
'I bone, quo virtus tua te vocat, i pede fausto,
Grandia laturus meritorum praemia. Quid stas?'
Post haec ille catus, quantumvis rusticus 'ibit,
40 Ibit eo, quo vis, qui zonam perdidit' inquit.
Romae nutriri mihi contigit atque doceri,
Iratus Grais quantum nocuisset Achilles.
Adiecere bonae paulo plus artis Athenae,

V. 26: Im dritten mithridatischen Krieg führte **Lucullus** von 74—67 v. Chr. den Oberbefehl über das römische Heer.
V. 27: Vgl. über perdere und perire Prof. Dombart in den „Blättern für das Bayer. Gymnasialschulwesen", Band 17 pag. 38.
V. 32: Die militärischen **Ehrengeschenke** bestanden in goldenen und silbernen Kränzen, Ketten und schönen Pferden.

Wissentlich thast du das Fehlgebot; klar war die Bedingung;
Dennoch verfolgst du den Mann und hängst ihm einen Prozess an? —
20 Schon beim Abschied sagte ich dir, ich sei träge, ich sagte,
Lau schier sei ich bei Pflichten der Art, damit du nicht grausam
Zanktest, weil meinerseits die Antwort immer noch aussteht.
Was hat mich alles genützt, wenn du dennoch das Recht, das auf meiner
Seite ist, kühn anfichst? Du beschwerst dich auch ausserdem, dass ich
25 Dir die erwarteten Lieder nicht sende; ich lüge wie immer. —
Als ein Soldat des Lukull in der Nacht vor Müdigkeit schnarchte,
Kam ihm die Barschaft bis auf den letzten Heller abhanden;
Mühsam war sie erspart. Gleich wütend zunächst auf den Feind wie
Auf sich, warf er, ein grimmiger Wolf, der vor Hunger die Zähne
30 Fletschte, des Königs Volk aus einem, so heisst es, gewaltig
Stark befestigten Platz, wo reichliche Beute sich vorfand.
Ob solch rühmlicher That fehlt's nicht an Ehrengeschenken,
Und er bekam dazu noch zwanzigtausend Sesterze.
Als sich zur nämlichen Zeit zufällig Lukull mit dem Wunsch trug,
35 Irgend ein Schloss zu erstürmen, da sprach er zu jenem Soldaten
Worte, die Feiglingen selbst Mut einzuflössen vermöchten:
„Vorwärts, Freund, glückauf zu dem Wege, auf den dich dein Mut ruft,
Um des Verdienstes erhabenen Preis zu gewinnen! Du zauderst?"
Klüglich versetzte, wenn gleich unhöflich der Krieger: „Wohin du
40 Wünschest, dahin, dahin geht nur, wer der Börse beraubt ist." —
Ich war so glücklich, in Rom erzogen zu werden, zu lernen,
Wieviel Schaden der Zorn des Achilles den Griechen gebracht hat.
Mehr noch förderte mich Athen an Wissen und Können,

V. 33: Ueber 3000 Reichsmark.

V. 42: Der höhere Unterricht in Rom begann mit der Lektüre Homers.

V. 43: Junge Römer wie Ciceros Sohn Marcus studierten vorzugsweise in Athen Philosophie.

Scilicet ut possem curvo dignoscere rectum
45 Atque inter silvas Academi quaerere verum.
Dura sed·emovere loco me tempora grato,
Civilisque rudem belli tulit aestus in arma
Caesaris Augusti non responsura lacertis.
Unde simul primum me dimisere Philippi,
50 Decisis humilem pennis inopemque paterni
Et laris et fundi paupertas impulit audax,
Ut versus facerem. Sed quod non desit habentem
Quae poterunt unquam satis expurgare cicutae,
Ni melius dormire putem quam scribere versus?
55 Singula de nobis anni praedantur euntes:
Eripuere iocos, venerem, convivia, ludum;
Tendunt extorquere poemata: quid faciam vis?
Denique non omnes eadem mirantur amantque:
Carmine tu gaudes, hic delectatur iambis,
60 Ille Bioneis sermonibus et sale nigro.
Tres mihi convivae prope dissentire videntur
Poscentes vario multum diversa palato.

V. 45: Die Anlagen in dem Hain des Heros A k a d e m u s, Platanen- und Oelbaumpflanzungen, rührten ursprünglich von Cimon her. Sulla liess die prächtigen Bäume bei der Belagerung Athens (87 v. Chr,) umhauen und zu Kriegsmaschinen verarbeiten. Doch machte die Folgezeit seine Barbarei wieder gut.

V. 46—49: Der zweite Bürgerkrieg zwischen Cäsar Octavianus und Antonius einerseits und den Mördern des Julius Cäsar andererseits endete 42 v. Chr. mit der Doppelschlacht von P h i l i p p i in Macedonien.

V. 50—51: Bei der Ackerverteilung an die Veteranen der Triumvirn wurde auch Stadt und Gebiet von V e n u s i a in Apulien, der Heimat des Horaz, eine Militärkolonie.

V. 53: Der Samen und die Blätter des S c h i e r l i n g s wurden im Altertum zur Bereitung eines kühlenden Umschlags (hier spöttisch gegen das Dichtungsfieber) gebraucht. Die cicuta der

Dass ich, man höre! im Stand war, Grades vom Krummen
zu scheiden
45 Und in der Akademie Lusthain nach der Wahrheit zu forschen.
Doch mich verscheuchten die Nöten der Zeit von der lieblichen
Stätte;
Als Freiwilligen trug mich die Volksflut unter die Waffen,
Die vor des Kaisers Augustus Arm nicht sollten bestehen.
Wie mich Philippi daher von dem Kriegsdienst hatte entbunden,
50 Trieb mich — geringen Stands wie ich war, die Flügel be-
schnitten,
Haus und Hof des Vaters dahin — die verwegene Armut,
Verse zu machen. Jedoch seit's nicht am täglichen Brot fehlt,
Wo gäb's Schierling genug, der mich je zu kurieren vermöchte,
Hielte ich's nicht für gescheider, zu schlafen als Verse zu
schmieden?
55 Eines ums andre entziehn uns die vorwärts eilenden Jahre,
Nahmen die Lust mir am Scherz, an der Liebe, am Spiel, an
Gelagen,
Streben mir jetzt auch das Lied zu entwinden; was soll ich
da machen?
Uebrigens liebt und bewundert nicht jeder der Leser das gleiche;
Du hast Freude am Lied, ein andrer ergötzt sich an Jamben,
60 Wieder ein andrer an beissendem Witz und Bion'schen Ge-
sprächen.
Nimm drei Gäste, es gleicht im Geschmack fast keiner dem
andern,
Jeder verlangt ein Gericht, das dem Gaumen des andern nicht
zusagt.

Alten wurde von Linné conium maculatum (gefleckter Schierling) genannt. Das Kraut desselben ist scharf narkotisch, riecht und schmeckt betäubend und enthält kräftig wirkendes Coniin; weshalb der Blätterextrakt häufig zu Heilmitteln, namentlich gegen Drüsenstockungen, verwendet wird: Die cicuta virosa, der giftige Wasserschierling, ist unsere giftigste Doldenpflanze und erregt schon durch ihre Ausdünstungen Schwindel. Der Genuss der sellerieartig riechenden Wurzel ist schon Menschen und Tieren tödlich geworden, nur der Ziege soll weder Kraut noch Wurzel schädlich sein.

V. 60: Die Satiren des Philosophen Bion Borysthenites (um 300 v. Chr.) waren durch ihren beissenden Witz berüchtigt.

Quid dem? quid non dem? renuis tu, quod iubet alter;
Quod petis, id sanest invisum acidumque duobus.
65 Praeter cetera me Romaene poemata censes
Scribere posse inter tot curas totque labores?
Hic sponsum vocat, hic auditum scripta relictis
Omnibus officiis; cubat hic in colle Quirini,
Hic extremo in Aventino, visendus uterque:
70 Intervalla vides humane commoda. 'Verum
Purae sunt plateae, nihil ut meditantibus obstet'.
Festinat calidus mulis gerulisque redemptor,
Torquet nunc lapidem nunc ingens machina tignum,
Tristia robustis luctantur funera plaustris,
75 Hac rabiosa fugit canis, hac lutulenta ruit sus:
I nunc et versus tecum meditare canoros.
Scriptorum chorus omnis amat nemus et fugit urbes,
Rite cliens Bacchi somno gaudentis et umbra:
Tu me inter strepitus nocturnos atque diurnos
80 Vis canere et contracta sequi vestigia vatum?
Ingenium, sibi quod vacuas desumpsit Athenas
Et studiis annos septem dedit insenuitque
Libris et curis, statua taciturnius exit
Plerumque et risu populum quatit: hic ego rerum
85 Fluctibus in mediis et tempestatibus urbis
Verba lyrae motura sonum conectere digner?
Frater erat Romae consulti rhetor, ut alter
Alterius sermone meros audiret honores,
Gracchus ut hic illi, foret huic ut Mucius ille.
90 Qui minus argutos vexat furor iste poetas?

V. 89: Beide Gracchen, Tiberius wie Cajus, waren berühmte
Redner; auch unter den Muciern gab es mehrere berühmte
Rechtsgelehrte; P. Mucius Scävola, Konsul 133, einer der grössten

Was da geben, was nicht? Was der eine sich wünscht, das
                                    verschmähst du;
Was dir behagt, ist gewiss den beiden verhasst und zu sauer.
65 Seh' ich von allem nun ab, ist's ernst dir, ich könnte in Rom hier
    Dichten inmitten von all den tausend Geschäften und Sorgen?
Bald gilt's Bürge zu stehn und bald Vorträge zu hören
Sämtlichen Pflichten zum Trotz; der liegt auf dem Hügel
                                      Quirins krank,
Jener am Ende des Aventins; zu besuchen sind beide.
70 Herrlich bequeme Entfernungen das! du kennst sie. „Doch
                                          hat man
Saubere Strassen vor sich, dass nichts den Gedanken im Weg
                                          steht."
Stürmisch eilet zum Bau mit Eseln und Trägern der Meister;
Hier zieht Quadern empor, dort riesige Balken die Winde;
Abkämpft sich mit dem Lastfuhrwerk ein Trauergeleite;
75 Hier flieht wütend ein Hund; dort stürzt ein schmutziges
    Schwein her:
Da geh' hin und besinne dich auf wohlklingende Verse.
Alles, was Dichter heisst, liebt Haine und meidet die Städte,
Ist auch, wie üblich, Vasall des Bacchus, den Schatten und
    Schlaf freut;
Unter dem Lärmen bei Nacht und bei Tage verlangst du, ich solle
80 Dichten und mich auf den schmalen Pfad der Poeten begeben?
Stumm wie ein Standbild wird ein Genie, das im stillen
    Athen sich
Seinen Wohnsitz nahm, seit sieben Jahren den Musen
Lebte und unter dem Wust von Büchern und Sorgen ergraute,
Meistenteils und reizt die Leute zum Lachen; und ich soll
85 Mitten im brausenden Strom, inmitten der Stürme der Hauptstadt
Mich um Verse bemühn, die der Laute Töne entlocken? —
    Wie zwei Brüder lebten in Rom ein Jurist und ein Rhetor;
Nur Lobsprüche vernahm aus dem Munde des einen der andre;
Gracchus war dieser für ihn und Mucius er für den ersten. —
90 Leiden nicht ebenso stark die Singsangbrüder an Wahnwitz?

Kenner des bürgerlichen Rechts seiner Zeit, entzog dem Pontifex
Maximus, als er selbst dieses Amt bekleidete, das Recht zur Füh-
rung, bez. Abfassung der Annales maximi.

Carmina compono, hic elegos. Mirabile visu
Caelatumque novem Musis opus! Adspice primum,
Quanto cum fastu, quanto molimine circum
Spectemus vacuam Romanis vatibus aedem;
95 Mox etiam, si forte vacas, sequere et procul audi,
Quid ferat et quare sibi nectat uterque coronam.
Caedimur et totidem plagis consumimus hostem
Lento Samnites ad lumina prima duello.
Discedo Alcaeus puncto illius; ille meo quis?
100 Quis nisi Callimachus? Si plus adposcere visus,
Fit Mimnermus et optivo cognomine crescit.
Multa fero, ut placem genus inritabile vatum,
Cum scribo et supplex populi suffragia capto;
Idem finitis studiis et mente recepta
105 Obturem patulas impune legentibus aures.
Ridentur mala qui componunt carmina; verum
Gaudent scribentes et se venerantur et ultro,
Si taceas, laudant quidquid scripsere beati.
At qui legitimum cupiet fecisse poema,
110 Cum tabulis animum censoris sumet honesti.
Audebit, quaecunque parum splendoris habebunt
Et sine pondere erunt et honore indigna ferentur,

V. 96—97: Unter den Samnitern sind hier Fechter in samnitischer Rüstung zu verstehen. Mit den Hieben werden die Lobhudeleien, welche die beiden Dichterlinge einander spenden, verspottet.
V. 99: Alcäus aus Mitylene auf Lesbos (um 612 v. Chr.), ein älterer Zeitgenosse der Sappho, war der dichterische Vorkämpfer der Adelspartei seiner Vaterstadt gegen die Tyrannen Melanchrus und Myrsilus, sowie gegen den Volksfreund Pittakus. Seine politischen Gedichte (στασιωτικά), im äolischen Dialekt verfasst, atmeten Selbstbewusstsein, unbeugsamen Mut und glühenden Hass.
V. 100: Kallimachus, ein Sprössling des Battiadenge-

Jener verfasst Elegien, ich Oden: „Ein Werk ja, von allen
Musen gemeisselt und wunderbar schön!" Nun schaue zu-
erst doch,
Mit welch stolzem Gefühl, welch wichtiger Miene wir ringsum
Schauen zum Tempel, der Raum darbietet für römische Dichter.
95 Folge alsbald, wenn du Zeit hast, nach und höre von ferne,
Was von uns jeder bringt, und warum er dem andern den
Kranz flicht.
In langdauerndem Kampf bis zum Lichtanzünden erhalten
Gleich Samnitern wir Hiebe und zahlen dieselben dem Feind
heim.
Seines Erachtens nun bin ich Alcäus; wer jener nach meinem
100 Urteil? Wer? Wer sonst als Kallimachus? Sieht er nach
mehr aus,
Wird er Mimnermus und steigt durch den neuerhaltenen Namen.
Wegen der Reizbarkeit der Poeten ertrage ich vieles,
Während ich dichte und demutsvoll nachgebe der Volksgunst.
Jetzt wo das Streben vorbei, die Besinnung wiedergekehrt ist,
105 Darf ich das offene Ohr straflos Vorlesern verschliessen.
Lächerlich macht sich der schlechte Poet; indessen er dichtet
Lustig zu und zollt sich Achtung; und schweigt man, so lobt er
Selber, der glückliche Mensch, die Werke, die er verfasst hat.
Aber wer ordnungsgemäss ein Gedicht will machen, versehe
110 Nächst Schreibtafeln sich auch mit dem Sinne des redlichen
Zensors.
Tapfer wird jegliches Wort, das keinen poetischen Wert hat,
Schachmatt klingt und der Ehre sich nicht ganz würdig er-
weiset,

---

schlechtes in Cyrene, erhielt von Ptolemäus Philadelphus um 260
v. Chr. die Oberleitung der königlichen Bibliothek zu Alexandria
und verwaltete dieses Amt bis an seinen Tod (um 235 v. Chr.).
Kallimachus stand als Gelehrter und Dichter unter den Alexandrinern
obenan, war aber mehr Gelehrter als Dichter. Von seinen (800)
prosaischen und poetischen Schriften sind uns nur Hymnen und
Epigramme erhalten. Die Römer stellten seine Elegien sehr hoch
und ahmten sie nach. Wir haben nur Fragmente derselben.
V. 101: Mimnermus aus Kolophon, der Vater der eroti-
schen Elegie, war ein älterer Zeitgenosse Solons. Durch seine
ganze Poesie geht ein starker Zug von Sentimentalität.

Verba movere loco, quamvis invita recedant
Et versentur adhuc intra penetralia Vestae;
115 Obscurata diu populo bonus eruet atque
Proferet in lucem speciosa vocabula rerum,
Quae priscis memorata Catonibus atque Cethegis
Nunc situs informis premit et deserta vetustas;
Adsciscet nova, quae genitor produxerit usus.
120 Vemens et liquidus puroque simillimus amni
Fundet opes Latiumque beabit divite lingua;
Luxuriantia compescet, nimis aspera sano
Levabit cultu, virtute carentia tollet,
Ludentis speciem dabit et torquebitur, ut qui
125 Nunc Satyrum nunc agrestem Cyclopa movetur.
Praetulerim scriptor delirus inersque videri,
Dum mea delectent mala me vel denique fallant,
Quam sapere et ringi? Fuit haud ignobilis Argis,
Qui se credebat miros audire tragoedos
130 In vacuo laetus sessor plausorque theatro,
Cetera qui vitae servaret munia recto
More, bonus sane vicinus, amabilis hospes,
Comis in uxorem, posset qui ignoscere servis
Et signo laeso non insanire lagoenae,
135 Posset qui rupem et puteum vitare patentem:
Hic ubi cognatorum opibus curisque refectus

V. 114: Mit dem **Innern des Vestatempels** scheint das Haus, bez. der Schreibtisch des Dichters, in dem sich das Gedicht zur Zeit noch befindet, gemeint zu sein.

V. 117: **M. Cornelius Cethegus**, Pontifex Maximus 213, Prätor 211, Konsul 204, schlug als Prokonsul 203 Hannibals Bruder Mago im Insubrerlande. Mit diesem Cethegus beginnt Cicero im Brutus cap. 15 die Reihe der römischen Redner. Ihm folgt als der zweite **Cato Censorius**, geb. 238 oder 234 zu Tusculum. Der-

Von ihm ausgemerzt, wenn es gleich ungerne den Platz räumt
Und zur Zeit noch im Innern des Vestatempels sich aufhält.
115 Manch zutreffendes Wort, das sich lange dem Volke ent-
zog, holt
Bieder herauf er ans Licht und bringt Ausdrücke zu Ehren,
Welche vor alters Cethegus und Cato führten im Munde,
Während sie hässlicher Staub jetzt drückt und die Oede des
Alters.
Neulinge nimmt er auch auf, wie sie eben der Vater Gebrauch
schuf.
120 Unaufhaltsam und klar, dem lauteren Strome vergleichbar,
Spendet er Schätze und mehrt ausgiebig den römischen Sprach-
schatz.
Ueppigen Auswuchs schneidet er weg, und mit sinniger Pflege
Glättet er, was ihm zu rauh, und beseitigt, was ihm zu matt
scheint;
Thut, als spiele er nur, und windet und dreht sich wie einer,
125 Welcher als Satyr bald und bald als plumper Cyklop tanzt.
Dastehn sollte ich lieber als närrischer, täppischer Dichter,
Während mir meine Gebrechen gefallen oder entgehen,
Als klug sein und mich ärgern? — Es lebte ein Edler in
Argos,
Welcher die Meister der Schauspielkunst zu hören vermeinte,
130 Sass er, vergnügt wie ein Kind, im leeren Theater und klatschte.
Ganz in gehöriger Art ging sonst er dem Tagesgeschäft nach,
Hielt gut Nachbarschaft, war liebenswürdig als Gastfreund,
Freundlich gegen sein Weib, nachsichtig gegen die Sklaven,
Wurde nicht rasend, wenn auch das Siegel der Flasche ver-
letzt war,
135 Und verstand es, Gestein und offene Brunnen zu meiden.
Dank dem Vermögensstand und der Pflege der Seinen genas er;

---

selbe kämpfte seit seinem 17. Lebensjahre gegen Hannibal, wurde
198 Prätor auf Sardinien, 195 Consul und 184 Censor.' Er verfasste eine Urgeschichte Roms (Origines) in 7 Büchern, deren letz-
tes bis auf seine Zeit herabging, und schrieb de re rustica. Was
Ennius für die römische Poesie, ist Cato für die Prosa; und wie
Nävius bekämpfte er die neue Richtung mit ihren eigenen Waffen.
Seine schriftstellerische Thätigkeit ging hauptsächlich aus seiner politischen Richtung hervor. Cato starb, 85 oder 90 Jahre alt, 149 v. Chr.

Expulit elleboro morbum bilemque meraco
Et redit ad sese 'pol, me occidistis, amici,
Non servastis' ait, 'cui sic extorta voluptas
140 Et demtus per vim mentis gratissimus error'.
Nimirum saperest abjectis utile nugis
Et tempestivum pueris concedere ludum
Ac non verba sequi fidibus modulanda Latinis,
Sed verae numerosque modosque ediscere vitae.
145 Quocirca mecum loquor haec tacitusque recordor:
Si tibi nulla sitim finiret copia lymphae,
Narrares medicis: quod, quanto plura parasti,
Tanto plura cupis, nulline faterier audes?
Si volnus tibi monstrata radice vel herba
150 Non fieret levius, fugeres radice vel herba
Proficiente nihil curarier: audieras, cui
Rem di donarent, illi decedere pravam
Stultitiam; et cum sis nihilo sapientior, ex quo
Plenior es, tamen uteris monitoribus isdem?
155 At si divitiae prudentem reddere possent,
Si cupidum timidumque minus te: nempe ruberes,
Viveret in terris te siquis avarior uno.
Si propriumst, quod quis libra mercatur et aere,

V. 137: Schon seit Hippokrates' Zeit (430 v. Chr.) unterschieden die Alten schwarze und weisse Nieswurz. Jene diente als Abführ-, diese als Brechmittel. Die den Wahnsinn heilende Nieswurz erhielt schon in Anticyra einen Zusatz. Als Ursache der Krankheit galt die schwarze Galle, ἡ μέλαινα χολή.

V. 158: Bei der mancipatio, der Uebertragung eines Eigentums an einen andern, sprach der Käufer (qui mancipio accipit) in Gegenwart von mindestens fünf erwachsenen Zeugen und einem Libripens, der eine eherne Wage hielt: Hunc ego hominem (oder hanc rem) ex iure Quiritium meum esse aio, isque mihi emptus

Galle und Krankheit wich vor der echtbereiteten Nieswurz.
Kaum war er aber gesund, so sprach er: „Ach, Freunde,
    getötet,
Nicht mich gerettet habt ihr; denn beraubt bin ich meines
    Vergnügens,
140 Mir ist der lieblichste Wahn des Herzens gewaltsam entrissen." —
Sicher ist's nützlich, das Tändeln zu lassen, vernünftig zu
    leben,
Abzugeben zur richtigen Zeit das Spiel an die Kinder
Und nicht nach Liedern zum Klang der lateinischen Laute zu
    streben,
Sondern den Takt und die Weisen harmonischen Lebens zu
    lernen.
145 Deshalb spreche ich also zu mir und erwäge es schweigend:
Löschte den Durst dir kein Wasser, und tränkest du solches
    in Masse,
Fragtest du sicher den Arzt; dass du aber, je mehr du er-
    worben,
Nur um so mehr noch begehrst, das wagst du keinem zu
    beichten?
Heilte die Wunde nicht zu trotz all der verordneten Wurzeln
150 Oder der Kräuter, so gäbst du es auf, noch von Wurzeln und
    Kräutern,
Die nichts helfen, Gebrauch zu machen. Du hörtest von jeher:
„Wem die Gottheit Vermögen gibt, den flieht der verkehrte,
Thörichte Sinn." Und obwohl du um nichts bist weiser, seit-
    dem du
Reicher bist, hält du dich doch noch immer an jene Berater?
155 Aber wenn Geld und Gut dir Weisheit zu geben und deine
Furcht und Begierde zu mindern vermöchten, du schämtest
    dich wahrlich,
Lebte auf Erden ein Mensch, noch geiziger, als du allein bist!
Wenn zum Eigentum wird, was einer mit Wage und Geld
    kauft,

---

est hoc aere aheneaque libra. Dann schlug er mit einem Geldstück, das er während dessen in der Hand hielt, an die Wage und
übergab dasselbe dem Verkäufer (qui mancipio dat) als Draufgeld.
Die Ceremonie beruhte darauf, dass die Kaufsumme ursprünglich
dem Verkäufer zugewogen wurde.

Quaedam, si credis consultis, mancipat usus:
160 Qui te pascit ager, tuus est, et vilicus Orbi,
Cum segetes occat tibi mox frumenta daturas,
Te dominum sentit. Das nummos, accipis uvam,
Pullos, ova, cadum temeti; nempe modo isto
Paulatim mercaris agrum fortasse trecentis
165 Aut etiam supra nummorum milibus emptum.
Quid refert, vivas numerato nuper an olim?
Emptor Aricini quondam Veientis et arvi
Emptum cenat olus, quamvis aliter putat; emptis
Sub noctem gelidam lignis calefactat ahenum;
170 Sed vocat usque suum, qua populus adsita certis
Limitibus vicina refugit iurgia; tamquam
Sit proprium quicquam, puncto quod mobilis horae
Nunc prece nunc pretio nunc vi nunc morte suprema
Permutet dominos et cedat in altera iura.
175 Sic quia perpetuus nulli datur usus et heres
Heredem alterius velut unda supervenit undam,
Quid vici prosunt aut horrea? quidve Calabris
Saltibus adiecti Lucani, si metit Orcus
Grandia cum parvis, non exorabilis auro?
180 Gemmas, marmor, ebur, Tyrrhena sigilla, tabellas,
Argentum, vestes Gaetulo murice tinctas

V. 159: Durch usucapio (auch usus) oder Verjährung ging eine Sache gleichfalls in rechtmässigen Besitz über. Schon das Zwölftafelgesetz bestimmte, wer ein Grundstück zwei Jahre, andere Dinge ein Jahr besitze, solle voller Eigentümer werden, vorausgesetzt, dass die Sache nicht gestohlen sei und überhaupt Verjährung zulasse; ausgeschlossen waren z. B. von derselben die Grenzraine und alle res sacrae. Spätere Usucapionserfordernisse waren bona fides und iustus titulus (ein rechtsgültiger Erwerbsgrund).

V. 160: Orbius ist nicht weiter bekannt.

Niessbrauch manches zu eigen gibt nach juristischem Ausdruck:
160 Dann ist das Feld, das dich nährt, dein eigen; und Orbius'
Hauptknecht,
Wenn er das Saatfeld eggt, das bald dir Früchte wird liefern,
Fühlt dich als Herrn; du bezahlst ihm dein Geld, und Trauben
erhältst du,
Hühner und Eier, ein Fass voll Wein; und solcher Gestalt nun
Kaufst du allmählich das Gut, das, leicht ist es möglich, an
dreimal
165 Hunderttausend Sesterze gekostet hat oder auch drüber.
Was macht's, ob du vom jüngst, ob vom längst schon bezahl-
ten Besitz lebst?
Wer in Aricia einst und in Veji sich Aecker gekauft hat,
Speiset gekauftes Gemüse, wenn gleich er es anders sich vorstellt,
Heizt mit gekauftem Holz am kalten Abend den Kessel,
170 Aber sein Eigentum nennt er's bis dort, wo die Pappel ge-
pflanzt ist,
Welche als sichere Mark vorbeuget dem Streit mit dem Nachbar;
Als ob Eigentum sei, was im Laufe der flüchtigen Stunde
Bald auf Bitten, für Geld, durch Gewalt und bald durch den
Tod selbst
Wechselt den Herrn und geht in die Hände von anderen über.
175 Weil nun ständ'ger Besitz niemanden vergönnt ist, und Erben
Folgen auf Erben von Erben, wie Wogen sich drängen auf Wogen,
Was nützt Scheune, was Hof? Was helfen kalabrische Triften,
An die lukanischen sich anschliessend, wenn Grosses wie Kleines
Pluto hinwegrafft, welcher mit Gold nicht ist zu gewinnen?
180 Elfenbein und Juwelen, tyrrhenische Statuen, Marmor,
Silbergeschirr und Gemälde, gätulische Purpurgewänder —

V. 167: **Aricia** (j. la Riccia), am Fusse des Albanergebirgs und an der appischen Strasse gelegen, war über sechs Stunden, **Veji** am Flüsschen Cremera (Spuren bei dem Dorfe Isola Farnese) fast fünf Stunden von Rom entfernt.

V. 176—177: Im Sommer trieb man die Herden auf die **lu-kanischen**, im Winter auf die **kalabrischen** Weiden.

V. 180: Die kleinen **etruscischen Statuen** aus Erz waren meist Götterbilder.

V. 181: Das Land der **Gätuler** ist heutzutage das südliche Marokko und der westliche Teil der Sahara. Hauptprodukte waren Purpurschnecken und Spargel.

Sunt qui non habeant, est qui non curat habere.
Cur alter fratrum cessare et ludere et ungui
Praeferat Herodis palmetis pinguibus, alter
185 Dives et importunus ad umbram lucis ab ortu
Silvestrem flammis et ferro mitiget agrum,
Scit Genius, natale comes qui temperat astrum,
Naturae deus humanae, mortalis in unum
Quodque caput, voltu mutabilis, albus et ater.
190 Utar et ex modico, quantum res poscet, acervo
Tollam nec metuam, quid de me iudicet heres,
Quod non plura datis invenerit; et tamen idem
Scire volam, quantum simplex hilarisque nepoti
Discrepet et quantum discordet parcus avaro.
195 Distat enim, spargas tua prodigus an neque sumptum
Invitus facias neque plura parare labores
Ac potius, puer ut festis Quinquatribus olim,
Exiguo gratoque fruaris tempore raptim.
Pauperies immunda tamen procul absit: ego utrum
200 Nave ferar magna an parva, ferar unus et idem.
Non agimur tumidis velis aquilone secundo:
Non tamen adversis aetatem ducimus Austris,
Viribus, ingenio, specie, virtute, loco, re
Extremi primorum, extremis usque priores.
205 Non es avarus: abi. Quid? Cetera iam simul isto
Cum vitio fugere? caret tibi pectus inani
Ambitione? caret mortis formidine et ira?

V. 184: Die Dattelpflanzungen Herodes' des Grossen lagen in der Ebene von Jericho.

V. 187: Es ist an die Konstellation in der Geburtsstunde zu denken.

Manche besitzen sie nicht, und mancher auch mag sie nicht haben.
Weshalb einer der Brüder die Musse, das Spiel und die Salbe
Ueber den reichen Ertrag der Palmengärten Herodes'
185 Stellt, und der andere, reich und von Morgen bis Abend nicht rastend,
Urbar mit Feuer und Schwert Waldland zu machen bemüht ist:
Weiss nur der Schutzgeist, der als Begleiter den Stern der Geburt lenkt,
Waltend als Gott in der Menschennatur, absterbend für jedes
Einzelne Haupt, von Gesicht veränderlich, fröhlich und traurig.
190 Ich bin für den Genuss und nehme vom mässigen Haufen
Je nach Bedarf, und es kümmert mich nicht, was der Erbe mir nachsagt,
Weil sich im Nachlass mehr nicht vorfand; aber ich will mir
Ueber den Unterschied harmlosen Vergnügens und wüsten
Treibens, sparsamen Sinns und geizigen Wesens auch klar sein.
195 Zweierlei ist es, ob man leichtsinnig das Seine vergeudet
Oder nicht ungern Aufwand macht und nicht stets auf Erwerb sieht,
Vielmehr wie an dem Fünftagsfest vor Zeiten als Knabe
Rasch im Fluge geniesst das so kurze, so liebliche Dasein.
Ferne jedoch sei der Armut Schmutz; ob auf grossem, auf kleinem
200 Schiffe ich segle dahin, stets segelt dieselbe Person nur.
Fahren wir nicht bei günstigem Nord mit geblähten Segeln,
Geht uns das Leben doch auch nicht hin bei widrigem Südwind.
Unter den ersten zuletzt, doch immer noch über den letzten
Stehn wir an Kraft, an Talent, Rang, Ansehn, Tugend, Vermögen. —
205 Geizig, das bist du nicht. Gut. Aber sind denn auch die andern
Fehler mit jenem zugleich verschwunden? Ist frei von dem hohlen
Ehrgeiz, frei dir das Herz von Todesfurcht und von Rachsucht?

V. 197: **Das Fünftagsfest**, an dem die Knaben Ferien hatten, begann am 19. März und wurde zu Ehren der Minerva gefeiert.

Somnia, terrores magicos, miracula, sagas,
Nocturnos lemures portentaque Thessala rides?
210 Natales grate numeras? ignoscis amicis?
Lenior et melior fis accedente senecta?
Quid te exempta iuvat spinis de pluribus una?
Vivere si recte nescis, decede peritis.
Lusisti satis, edisti satis atque bibisti:
215 Tempus abire tibist, ne potum largius aequo
Rideat et pulset lasciva decentius aetas.

V. 209: **Thessalien** war die Heimat aller Zauberei.

Sind dir Träume und magischer Schreck und Wunder und
           Hexen,
Nächtlicher Geisterspuk und thessalischer Zauber zum Lachen?
210 Zählst du mit Dank den Tag der Geburt? Verzeihst du den
           Freunden?
Wirst du, je näher das Alter heranrückt, milder und besser?
Was hilft's, wenn du von mehreren Dornen nur einen heraus-
           ziehst?
Wenn du nicht weise zu leben vermagst, so weiche den Kennern.
Ueber- und übergenug hast gespielt du, gezecht und getafelt.
215 Zeit für dich ist es zu gehn, dass dich nicht, wenn du mehr
           als zuviel trankst,
Jugendlich Volk, das mit mehr Recht schwärmt, verhöhnt und
           hinauswirft.